마음을 움직이는 소통 전문가 이민호는 …
라온이와 다온이의 아빠이며, 문경아의 남편이고요,
'스피치 코치'로 활동하고 있습니다.

초등학교 때, 말을 예쁘게 못해서 왕따를 겪었습니다.
그로 인해 '말'에 대해 많이 고민하게 되었습니다.
고등학교 때는 극단에서 연극을 하다 도망쳤고,
23살 때는 인디밴드의 보컬로 활동하며
만화영화 〈무적코털 보보보〉의 주제가도 불렀지만
가수가 되진 못했습니다. 또 실패였죠.

모든 실패에는 선물이 있었습니다.
왕따 덕분에 말에 대한 감수성을 가지게 되었고,
연극과 밴드 공연을 통한 경험이 결합되어
'말 공연을 하는 사람'이 되었습니다.

따뜻한 말 한마디가 인생을 조각한다고 믿는
당신과 함께하고 싶습니다.
함께 가요, 우리!

감사합니다
사랑합니다
행복합니다

_____ 드림

말은
운명의
조각칼
이다

말은
운명의
조각칼
이다

이민호 지음

천년의숲

■ 머리말

JTBC 〈말하는대로〉의 스피치 코치를 맡으면서 놀라운 사실을 알게 되었어요. 유명 연예인들조차 말하기를 두려워한다는 거예요. 한창 잘 나가는 대세 개그맨, 해외공연을 다니며 수만 명 앞에서 공연을 하는 아이돌 그룹의 멤버들조차도 말하기를 두려워하더라고요. 정확하게 말하자면 '10분 이상 자신의 이야기를 하는 것'이 부담스러운 것 같아요.

저의 직업은 사람들의 말하기를 돕는 '스피치 코치'입니다. 운동 코치가 효과적이고 안전한 운동법을 알려주는 사람이라면 스피치 코치는 그들의 이야기가 진실되고 생생하게 전달되도록 돕는 역할을 하는 거죠.

그들의 말에 논리구조를 만들고, 적절한 단어를 고르고, 리허설을 도왔습니다. 긴장된 시간 후에 그들은 청중 앞에 섰고, 청중들

은 그들의 이야기에 감동했습니다. 그동안의 두려움이 무색할 정
도로 웃음, 행복, 공감이 사람들에게 전달되었죠. 역시 진실한 소
통에는 힘이 있었습니다!

　그런데 이런 말하기 코칭은 연예인들만 하는 것이 아니에요. 제
가 운영하는 말하기 프로그램인 〈3% 커뮤니케이션〉을 거쳐간 사
람들의 변화는 더 대단했어요. 하루는 페이스북을 통해 이런 메시
지를 받았습니다.

남편은 삼성전자 연구원입니다. 평소 과묵한 사람이라 집에서 대화를 많이
하지 않습니다. 그런데 오늘 놀라운 일이 일어났어요. 남편이 집으로 뛰어들
어오며 이렇게 말했어요.
"오늘 당신에게 해줄 말이 세 가지가 있어."
5분 넘도록 아이처럼 조곤조곤 말하는 남편이 어찌나 귀엽던지요. 이런 변
화가 어떻게 일어났냐고요? 이민호 선생님의 특강을 듣고 온 그날부터였어
요. 정말 감사합니다. 그동안 남편과의 사이가 기숙사 룸메이트 같았다면,
이제는 정말 부부가 된 느낌입니다."

　이럴 때 저는 큰 보람을 느낍니다. 이 보람을 더 느끼고 싶어 이
책을 썼습니다. 〈말하는대로〉에 출연하는 연예인들이나 〈세상을
바꾸는 시간, 15분〉의 강단에 서는 유명인들, 그리고 앞서 소개한

삼성전자 연구원에게 일어난 일들이 우리 모두에게 일어날 수 있다고 믿기 때문이죠.

저는 말 때문에 초등학교 3학년 때 왕따를 크게 당한 적이 있었어요. 함부로 던졌던 말은 칼이 되어 사람들을 다치게 했고, 그 칼날은 다시 제게로 돌아왔어요. 저는 그 괴로움을 해결하고 싶었고, 말에 대한 답답함을 해결하기 위해 답을 찾아다녔어요. 책을 읽고 세미나도 다니고 말의 고수들을 찾아다닌 결과, 저 역시 말의 힘을 느끼게 되었어요.

이 책은 총 다섯 개의 파트로 구성되어 있습니다.

Part 1에서는 말하기의 기본원칙을 알아봅니다. 예리하고 날카로운 물건을 다룰 때는 안전교육이 필요하듯, 말하기라는 조각칼의 안전수칙이 될 수 있는 내용입니다.

즐거운 운전을 위해서는 연습이 필요하듯 즐거운 말하기에도 연습이 필요합니다. Part 2에서는 즐겁게 말할 수 있는 방법들을 설명합니다.

듣는 사람이 듣고 싶게 만드는 매력적인 말하기는 어떤 걸까요? Part 3에서는 호기심, 관심, 경계심을 일으켜 마음속 알람을 켜는 방법에 대해 이야기해 봅니다.

노래를 잘 부르면 감탄하지만 진심이 담긴 노래는 감동이 됩니다. 사람을 위한, 사람을 향한 말하기도 마찬가지입니다. Part 4에서는 듣는 사람을 배려하는 마음을 바탕으로 똑똑하고 따뜻하게 말하는 방법에 대해 알아봅니다.

진실한 소통의 힘은 때로는 말보다 훨씬 강력합니다. Part 5에서는 상대와 상생할 수 있는 소통방법에 대해 알아봅니다.

음식이 맛있으려면 두 가지가 필요하다고 합니다. 신선한 재료를 구하는 것이 첫 번째고, 그 다음은 제대로 요리를 하는 것이겠죠. 우리에게는 수많은 재료가 있어요. 특히 우리의 삶에서 겪은 희노애락은 캐비어와 같은 고급재료가 됩니다. 재료가 있으니 당연히 요리법이 필요하겠죠. 말하기에도 요리법이 있어요. 그 요리법을 공유하려고 합니다.

삶이라는 재료와 요리법이 뭉치면 맛있는 이야기가 나옵니다. 이 책의 목표는 간단해요. 당신의 입에서 이 말이 나오게 하는 것이죠!

"말하기는 맛있다!"

차례

말은 운명의 조각칼이다

저는 별을 셀 거예요

◆   세계적인 천문학자의 강연이 있었습니다.

한 남자는 강연을 들으며 가슴이 설레었습니다. 엘리베이터에서 우연히 강연자와 마주친 그 남자는 자신의 어릴 적 꿈도 천문학자였다고 말합니다.

왜 꿈을 이루지 못했냐는 질문에 이렇게 답합니다.

"어릴 때 천문학자가 되고 싶다고 말하자 누군가 이렇게 말했어요. '천문학자? 돈도 안 되는 거 되어서 뭐 하려고?' 그 말을 듣는 순간 죄지은 듯 뭔가 잘못됐다는 느낌을 받았고, 그 꿈에서 점점 멀어져 갔습니다."

천문학자는 말했습니다.

"저도 어릴 때 천문학자가 되고 싶다고 말했어요. 그 말을 들은 삼촌은 '멋진 꿈이다! 넌 그 꿈을 꼭 이룰 거야!'라고 격려해 줬어요."

천문학자가 되고 싶었던 남자는 다시 묻습니다.

"그 말 한마디가 당신을 천문학자로 만들었군요!"

잠시 생각에 잠긴 후, 천문학자는 손을 저으며 말했습니다.

"그게 아니었어요. 삼촌의 다음 말이었어요. 삼촌은 이렇게 말했어요. '살아가면서 네가 천문학자라는 꿈을 말하면 어른들이 이렇게 말할 거야. '돈도 안 되는 거 뭐 하려고?' 그럴 때마다 이렇게 말하면 돼. 이 말이 너를 지켜줄 거야. '저는 돈을 세지 않을 거예요. 별을 셀 거예요.' 저는 삼촌이 알려준 대로 했어요. 제가 실제로 내뱉든 안 내뱉든 그 말은 제 꿈을 지켜줬어요."

그 말은 거인처럼 작은 아이의 꿈을 지켜줬습니다. 갑옷처럼, 방패처럼, 군대처럼 아이의 소중한 꿈을 보호했습니다.

당신을 조각하고 있는 말 한마디는 무엇인가요?

민호야, 네가 옳다!

♦ 제게는 용해라는 친구가 있습니다. 성이 이 씨입니다. '이용해'입니다. 용해는 늘 "Use me!(이용해)"라며 자신을 소개합니다. 용해는 참 서글서글하고 좋은 친구입니다. 몇 년간 용해를 보신 어머니는 "아이고~ 용해는 참 진국이다! 다시 태어나면 용해랑 결혼하고 싶다."라고 말씀하실 정도였습니다. 용해는 저에게 말의 힘을 알려주었어요.

유난히 가슴이 답답한 날이었어요. 학교 운동장에 앉아 먼 산을 바라보며 용해에게 말했습니다.

"용해야, 나는 강사가 되고 싶다."

용해는 나를 바라보며 말했습니다.

"민호야, 네가 옳다! 네가 너에 대해 가장 잘 알고, 가장 깊게 고민해 봤을 것 아니냐. 그렇게 해봐라."

제가 정말 듣고 싶었던 말이었어요.

소주 한잔을 기울이며 물어봤던 날도 있습니다.

"용해야, 나 호주에 워킹 홀리데이 가려고. 그런데 사람들이 호주 가지 말라고 하네. 농장에서 일만 하다 올 거라고!"

용해는 크고 선한 눈을 껌벅이며 말했습니다.

"민호야, 네가 옳다. 네가 너에 대해 잘 알고 내린 결정일 텐데 나는 네가 잘할 거라고 믿는다."

너무 듣고 싶은 말이었습니다. 그 이후에도 큰 결정이 있을 때마다 용해는 저에게 늘 이 말을 해줬습니다.

"민호야, 네가 옳다."

당연히 전 중요한 결정을 할 때면 용해랑 대화를 나눴어요. 언제나 그 따뜻한 한마디가 필요했습니다. 친구가 해준 따뜻한 말은 제 삶의 방향을 함께 조각해 주었습니다.

어느 날 용해가 저를 불러냈습니다. 고민이 있다고 했습니다. 회사를 그만두고 다른 일에 도전해 보고 싶다고 했죠.

"민호야, 사람들이 나보고 미쳤다고 하네. 다니던 회사 그냥 잘 다니라고."

술잔을 기울이며 고개를 숙인 용해에게 저는 이렇게 말했습니다. 용해가 늘 저에게 해주었던 그 말을!

"용해야, 네가 옳다. 네가 너에 대해 가장 잘 알고 결정한 일일 텐데 너 하고 싶은 대로 해라. 네가 옳다."

용해가 제게 해줬던 공감과 지지의 말은 결국 용해에게 돌아갔습니다. 용해의 아름다운 말은 결국 돌고 돌아 제집을 찾아갔습니다.

우리가 내뱉는 말은 결국 우리의 운명을 조각합니다.

"힘내!"

깊은 밤 헤어질 때 또는 아무 일 없을 때

로댕은 내게 곧잘 이렇게 말해주었다.

그는 이미 알고 있었던 것이다.

"힘내"라는 그 말 한마디가

젊었을 때, 이 말이 얼마나 필요한지를!

- 라이너 마리아 릴케

당신이 힘들 때 듣고 싶은 그 말은 무엇인가요?

소녀, 인생이 바뀌다

♦   영어 강사가 되어 많은 사람을 만났습니다.

소영이란 친구가 기억에 남아요. 하얀 얼굴에 미소를 가득 머금은 얼굴의 소영이는 늘 당당했습니다. 미소만큼이나 목소리도 당당했습니다. 하루는 소영이에게 물었습니다.

"소영아~ 나중에 딸을 키우면 너처럼 키우고 싶다. 어떻게 그렇게 당당해? 부모님이 널 어떻게 키우신 거야?"

"제가 그렇게 당당한가요?"

소영이는 당당한 목소리로 말했습니다. 저는 그렇다고 했습니다. 소영이는 잘 모르겠다고 말하더군요. 그리고 며칠 뒤 소영이가 제게 다시 와서 놀라운 이야기를 전해줬습니다.

"선생님, 기억났어요."

소영이는 초등학교 때까지 아주 소심한 아이였다고 합니다. 스스로 당당해졌으면 좋겠다고 생각하고 있었고, 그 고민을 듣게 된 학교 선생님이 어느 날 이렇게 말씀하셨대요.

"소영아, 선생님 말 잘 들어봐. 선생님이 알려주는 대로 하면 너는 앞으로 당당하게 살아갈 수 있을 거야."

선생님이 알려준 방법은 간단했어요. 앞으로 자기소개를 할 때마다 "안녕하세요. 당당소영입니다!"라고 말하라는 것이었어요.

처음엔 어색했지만 소영이는 잃을 것이 없었기에 그 말을 시작했다고 합니다. 그렇게 자신을 소개할수록 점점 목소리에 힘이 실리게 되고, 언제부턴가 그 말을 할 필요가 없어졌습니다. 당당함이 습관이 되어버렸기 때문이죠.

소설가 김영하는 글의 힘을 강조하며 이런 말을 했습니다.

글의 힘을 믿지 않는다고 말하는 사람에게 종이 한 장을 꺼내 사랑하는 사람의 이름을 먼저 쓰고 그 옆에 '내일 죽는다'라고 쓸 수 있겠냐고 물으면, 그때 대부분의 사람들은 글의 힘을 깨닫는다고 합니다.

글을 읽으면 말이 됩니다.

우리가 하는 말에는 삶을 움직이는 힘이 있습니다.

말은 운명의 조각칼입니다.

누나와 춤을… 자동 디스코

◆   어렸을 때 몸이 무척 약했어요.

아버지의 빨간색 봉고차가 비포장길을 달릴 때면 늘 멀미가 났습니다. 1980년대 후반이라 비포장길이 많았습니다. 차는 먼지를 일으키며 시골길을 달렸고, 지진처럼 흔들리는 차 속에서 저는 어김없이 멀미가 났습니다.

어느 날 울먹이며 집에 가자고 외치는 나에게 구세주가 등장했습니다. 늘 명랑한 누나였어요. 집게손가락을 들어 허공을 찌르는 포즈를 해보라고 하더니 누나는 외쳤습니다.

"민호야~ 자동 디스코~~~~"

누나의 말이 끝나자마자 놀라운 일이 벌어졌어요. TV 속에 나오는 사람들처럼 제가 춤을 추고 있었어요. 흔들리는 차 덕분에 몸이 자동으로 움직였기 때문이에요. 멀미 때문에 불편한 속도 잊은 채 누나와 자동 디스코 놀이를 했습니다. 너무 재밌어서 나중엔 비포장길을 기다리기까지 했습니다. 누나의 말 한마디 덕분에 고통의 강을 급류타기 놀이처럼 재밌게 건널 수 있었던 거죠.

흔들리는 차 속에서 누나 덕분에 버틸 수 있었던 것처럼, 그 뒤로도 삶의 수많은 장면에서 자동 디스코를 쳤습니다. 삶이 우울할 때면 누나가 외쳤던 '자동 디스코'를 떠올립니다. 그 한마디는 한번 더 긍정의 힘을 가지게 하고, 누군가 지옥을 걸을 때 옆에서 힘이 되어주라고 제 삶을 조각한 말이 되었습니다.

저의 말과 글이 누군가에게 삶의 멀미를 멈추게 하는 '자동 디스코'가 되었으면 좋겠습니다.

스님의 지혜

♦ 　　　　비구니 스님이 학원에 왔습니다. 유학을 준비 중인 석사 스님이었어요. 그때 수강생이 스님을 포함해 네 명뿐이었

습니다.

넓은 강의실에 네 명만 덩그러니 있으니 학원 운영은 괜찮은 거냐고 걱정스러운 목소리로 물으셨습니다. 부드럽고 섬세한 목소리로!

눈빛은 어찌나 따뜻한지 온돌 같았습니다. 엄마가 아픈 아들을 바라보는 그런 눈빛이었어요.

"아이고… 큰일이네. 좋은 수업인데 학생들이 이렇게 없어서 어떡합니까?"

이런 걱정의 말씀은 수업이 진행되는 8주 동안 계속되었습니다.

왜 걱정이 안 되었겠습니까? 보증금도 갚아야 하고 월세도 월급도 나가야 하는데….

저는 현명한 사람이 아니지만 이런 말을 했습니다.

"돈을 버는 일도 있지만 사람을 버는 일도 있다고 들었습니다. 저 스스로 덕이 없음이 걱정스럽지, 사람이 없는 것은 괜찮습니다. 한 사람 한 사람 진심으로 대하면 언젠가 알아주겠지요."

마치 대본에 있는 스님의 대사를 제가 가로채서 읽은 느낌이었어요. 아둔한 제가 스님 앞에서 스님 같은 소리를 해서 저도 놀랐는데 지금 생각해 보면 스님이 지혜로운 분이라 제게도 지혜로울 수 있는 기회를 주신 것 같았습니다.

〈레미제라블〉의 신부님이 장발장을 대하듯, 스님도 제게 잔소리 같은 건 하지 않았어요. 진짜 지혜로운 사람은 현명한 말을 내뱉는 사람이 아니라 상대를 현명하게 만들어 주는 사람입니다.

미하엘 엔데의 소설 『모모』에는 다음과 같은 구절이 나옵니다.

모모는 가만히 앉아서 따뜻한 관심을 갖고 온 마음으로 상대의 이야기를 들었을 뿐이다. 그리고 그 사람을 커다랗고 까만 눈으로 말끄러미 바라보았을 뿐이다. 그러면 그 사람은 자신도 놀랄 만큼 지혜로운 생각을 떠올리는 것이었다. …… 나는 전혀 중요하지 않은 사람이다. 마치 망가진 냄비처럼 언제라도 다른 사람으로 대치될 수 있는 그저 그런 수백만의 사람이다. 이렇게 생각하는 사람은 모모를 찾아와 속마음을 털어놓았다. 그러면 그 사람은 말을 하는 중에 어느새 자기가 근본적으로 잘못 생각하고 있다는 사실을 깨닫게 되었다. 지금 있는 그대로의 나와 같은 사람은 이 세상에 단 한 사람도 없다. 그렇기 때문에 나는 나만의 독특한 방식으로, 이 세상에서 소중한 존재다. 이런 사실을 깨닫게 되는 것이다. 모모는 그렇게 귀기울여 들을 줄 알았다.

누구라도 자신의 운명을 스스로 조각할 권리가 있습니다. 모모처럼 진심으로 소통해 줄 때 사람은 스스로 삶을 조각하는 힘을 얻습니다.

오늘 당신도 누군가에게 '모모'와 같은 존재가 되어 보면 어떨까요?

예리하고 날카로운 물건을 다룰 때는 안전교육이 필요합니다. 우리 삶에 큰 영향을 끼칠 수 있는 말하기라는 조각칼은 어떻게 써야 할까요? Part 1에서는 아름다운 인생을 조각할 수 있는 말하기의 기본원칙을 살펴봅니다.

잘못된 말투를 고치려고 노력해 본 사람이라면 알 거예요. 따뜻한 가슴이 없다면 따뜻한 말이 흘러나올 수 없죠. 냉수 밸브에서 냉수가 흘러나오고 온수 밸브에서 온수가 흘러나오듯, 내가 오늘 뱉은 말 한 조각은 내 인생을 보여줍니다. 깎아내고 다듬어서 제대로 조각한 한마디가 내 인생의 DNA입니다.

말하기의 외양이 아닌, 말하기의 DNA를 바꾸어야 합니다.

마음을
움직이는
말하기

Part 1

'말 다듬기'는
'인생 다듬기'다

♦   말은 생물입니다. 살아 움직이며 시시각각 무게도
바뀌죠. 이 책을 펼친 당신은 말의 무거움을 느껴 본 사람일 거예요.
어느 날은 솜털처럼 가볍지만, 어느 날은 물먹은 스펀지처럼 무겁습
니다. 그렇게 살아 움직이는 게 바로 말입니다. 친구들에게 가볍게
툭툭 던지는 농담은 뽀얀 안개처럼 즐거움이 피어나지만, 사랑하는
사람을 앞에 두고 하는 말은 무겁죠. 중요한 일을 앞두고 자신을 증
명해야 할 때도 있는데, 그날의 말은 바위처럼 크게 느껴지기도 합

니다.

들어올리다 포기하고 싶을 정도로 무겁거나 무서운 말들도 있어요. 이렇게 말은 살아 움직입니다. 어제오늘 한결같은 모습으로 있는 산 속의 나무가 아니라, 매일 시시각각 변하는 바닷속 물고기처럼 펄떡펄떡 움직이는 살아있는 놈이에요. 그래서 말은 쉽지 않습니다.

그럼에도 말을 잘하는 사람은 늘 존재합니다. 저는 『삼국지』의 유비를 보며 그 놀라운 느낌을 처음 받았어요. 말은 저렇게 하는 거구나 싶었어요.

'『삼국지』를 세 번 이상 읽지 않은 사람과는 말을 섞지 마라!'

초등학생 때 마주한 이 문장이 제 마음을 움직였어요. 『삼국지』에는 삶의 큰 지혜가 담겨있을 것 같았어요. 어린 마음에 궁금증이 증폭했고, 흥분한 가운데 책을 집어들었습니다. 『만화 삼국지』를 거쳐 소설까지 손에 쥔 순간엔 감격적이기까지 했어요. 표지에는 한자로 『三國志』라고 적혀 있었는데, 한자를 잘 몰라도 알 수 있었던 '三'자가 참 반가웠어요. 그렇게 『이문열의 삼국지』를 마주했습니다.

삼국지에 나오는 유비는 참 훌륭한 사람이었어요. 유비의 일화를 하나 볼까요?

유비가 강을 건너기 위해 무릎을 걷어 올리고 있는데, 한 노인이 자신은 힘이 없으니 업어서 건네달라고 말했다.

유비는 좋은 마음으로 노인의 청을 들어 주었다. 강을 다 건너서 노인을 내려주고 갈 길을 가려고 하는데 노인이 강 건너에 짐을 두고 왔다고 했다. 유비는 얼른 짐을 가져오려고 강을 건너려고 하자 노인은 "네가 그냥 강을 건너서 짐을 가져가면 어떻게 하나?"며 다시 자신을 업고 갔다와야 한다는 것이다. 유비는 말없이 노인을 업고 다시 강을 건너 짐을 챙겨 돌아왔다. 그때 노인이 "네가 처음에 한 일은 누구나 할 수 있는 일이다. 그런데 두 번째 일은 아무나 할 수 없는 일인데, 너는 무슨 마음으로 그 일을 했느냐?"고 물었다. 그러자 유비가 아무렇지 않다는 듯이 말했다.

"제가 처음에 노인을 업고 강을 건넌 것은 잘한 일입니다. 그런데 만약 두 번째 일을 거절하고 그냥 가버린다면 처음에 한 수고를 수포로 만들어 버리는 것입니다. 하지만 제가 노인의 말씀을 계속 들어 드리면 처음 잘한 일에 계속 잘한 일을 보태는 것인데 어찌 제가 마다하겠습니까?"

초등학생이었던 내 마음에 조약돌이 던져졌습니다. 어떻게 저렇게 멋진 말을 할 수 있을까? 나 같으면 귀찮고 화났을 텐데…. 너무나 무리한 부탁인데 어떻게 저렇게 말할 수 있었는지 궁금하더라고요. 그 노인은 역시 예사 노인이 아니었습니다.

"그 말이 너의 머리에서 나온 것이라면 너는 한 나라를 다스릴 만한 덕이 있는 것이고, 그 말이 너의 마음에서 우러나온 것이라면 너는 세상의 모든 땅을 다스릴 만한 덕이 있는 것이다. 부디 그 마음을 잊지 말아라."

노인의 이 말이 제 질문에 대한 해답이 되었습니다. 말은 입에서 나오잖아요? 혹시 겨드랑이로 말하는 사람 있나요? 모두가 입으로 말하지만, 노인은 입안 어디에서 그 말이 출발했는지를 물은 거죠. 머리에서 출발한 말이 입으로 나온 것인지, 가슴에서 출발한 말이 입으로 나온 것인지….

말투를 고치려고 노력해 본 사람이라면 알 거예요. 따뜻한 가슴이 없다면 따뜻한 말이 흘러나올 수 없죠. 냉수 밸브에서 냉수가 흘러나오고 온수 밸브에서 온수가 흘러나오듯, 가슴이 바뀌지 않으면 말은 결코 바뀌지 않는 게 아닐까요?

내가 오늘 뱉은 말 한 조각은 내 인생을 보여줍니다. 깎아내고 다듬어서 제대로 조각한 한마디가 내 인생의 DNA입니다.

말 기술 VS 말 기쁨

♦   이 책을 통해 전하고 싶은 것은 기술이 아니에요. 말의 기술이 아닌 기쁨이 전달되기를 바랍니다. 말을 조각하기 위해

선 인생을 조각해야 합니다. 말을 공부하기 위해 이 책을 집어든 사람이라면 분명 삶 자체가 나아질 것이라고 확신합니다.

말의 격이 바뀐다는 것은 인생의 격이 바뀐다는 것입니다. 격이 있는 삶, 진솔하고 용기가 있는 삶, 그리고 그 진실과 용기와 지혜가 가슴에서 입으로 흘러나오게 하는 것, 그것이 유일한 길이라고 믿습니다. 혀로 이 말을 한 자 한 자 굴려보면서 시작해 볼게요.

"나는 좋은 사람이 되어
좋은 말을 할 것이다."

행복과 성공의
말하기 공식

대박 횟집에는 비밀이 있다

◆ 　　　　　여러분은 아들이 좋아요? 딸이 더 좋아요? 저는 결혼하면 딸을 낳고 싶다고 생각했는데 정말 딸이 생긴 거예요. 잘 키워보겠습니다!

간절히 기도했던 것이 제 눈앞에 나타났지만, 기도하지 않은 것도 제 눈앞에 나타났어요. 바로 처남입니다. 저도 매형이 있는데, 매형이 항상 했던 말이 있었습니다.

"너도 너 같은 처남이 생겼으면 좋겠다."

매형의 간절한 바람대로 저에게도 처남이 생겼어요. 13살 차이가 나는 처남입니다. 저와 아내는 4살 차이가 나고, 아내와 동생은 9살 차이가 나요.

13살 차이가 나는 처남과 어떻게 친해져야 할지 모르겠더라고요. 그래서 매형이 저에게 했던 것들을 저도 처남한테 해줬어요. 일단 먹여야죠. 관계를 증진시키는 데는 먹이는 게 최고죠. 창원에 살던 처남이 서울에 올라왔는데 뭐가 먹고 싶냐고 했더니 해산물이 먹고 싶다고 해서 횟집에 갔습니다.

여러분은 회 중에서 어떤 회를 드시나요? 저는 주로 광어나 우럭을 먹어요. 그런데 이날은 태어나서 처음으로 숭어를 시켰어요. 평생 안 하던 짓을 처음 한 거죠. 사람들은 보통 늘 하던 선택을 한대요. 인간의 뇌는 아무 생각을 안하고 있을 때에도 우리 몸 25%의 에너지를 활용한다네요. 고민이 많으면 지치는 이유가 뇌가 에

너지를 많이 끌어써서 그렇다고 합니다. 그러니 최대한 에너지를 아끼기 위해 늘 하던 선택을 하게 되는 거죠. 늘 먹던 치킨 집에서 시키고, 늘 만나던 친구를 만나면 편하죠. 화장실도 웬만하면 늘 같은 칸에 들어가게 되죠.

그런데 저는 왜 숭어를 시켰을까요? 숭어는 잘 모르거든요. 숭어에 대해 잘 안다면 자신있게 주문할 수 있겠지만 저는 숭어를 처음으로 먹었어요. 그럼 왜 평소 하지 않던 선택을 했을까요? 왜 그랬을까요?

이 문구 때문이었던 것 같아요. '자연산 숭어'라고 적힌 메뉴 위에 '쫄깃쫄깃한 보약 한 첩'이라는 문구 때문이었어요. 숭어가 어떤 맛있지 몰랐지만 '쫄깃쫄깃'이라는 말이 마법처럼 저를 이끌었죠. 맛있게 숭어를 먹었습니다.

그 다음에 갔을 때는 '산오징어 통찜'을 먹었는데 큰 글씨로 쓴 '크림소스 맛'이라는 문구 때문이었어요. 제가 크림소스를 좋아하거든요. '산오징어 통찜'이라고만 적혀 있었으면 안 먹었을 확률이 높아요.

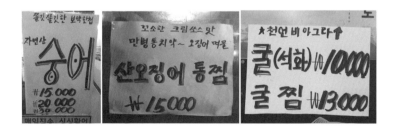

이곳은 '광동수산'이라는 곳인데 동네마다 다 있어요. 한 번쯤 가보셨을 거예요. 동네마다 있는 체인점인데 이 집은 손님이 엄청 많았어요. 제가 다른 동네에 살 때도 가봤는데 이렇게 장사가 잘 되지는 않았어요. 신길역에 있는 이곳은 늘 빈 테이블이 없었어요. 회를 뜨고 계신 어머님께 여쭤보았어요.

"이 문구들은 누가 쓰시는 거예요?"

이런 대답이 돌아왔어요.

"우리 사장님이 쓰는 거야. 우리 사장님 대단하지!"

대단하다고 맞장구쳤더니, 아주머니께서 되게 놀라운 말씀을 하시더라고요.

"우리 사장님, 연세대 국문과 나왔어!"

정말 깜짝 놀랐어요. 중요한 것은 '연세대'가 아니라 '국문과'라고 생각해요. 회를 팔 때에도 '언어능력'이 얼마나 큰 도움이 되는지 알 수 있었어요. 백화점에서 화장품을 팔 때도 포스터나 카탈로그에 어떻게 써놨는지 혹은 어떻게 설명하는지에 따라 판매량이 달라질 거예요. 사업하시는 분이라면 제안서나 기획서를 얼마나 잘 쓰느냐에 따라 회사의 운명이 달라질 거예요.

언어가 우리를 위해
일하게 하라!

6천만 원 이상 고소득자의 비밀

◆ 예전에 고용노동부에서 재미있는 조사를 했습니다. 608개의 직업, 즉 이 책을 읽는 분 대부분이 속해 있는 직업들이 겠죠. '조폭'이거나 아주 특별한 직업이 아니라면 여러분의 직업이 대부분 포함된 조사일 거예요.

21,000명을 대상으로 조사를 해서 소득 2,000만 원 이하와 6,000만 원 이상의 두 그룹으로 나눠봤다고 합니다. 월급이 150만 원 정도라면 첫 번째 그룹에 속할 거고, 500만 원이 넘는다면 두 번째 그룹에 속하겠죠. 그런데 재미난 사실은 특별히 돈을 잘 버는 직업이 있는 것은 아니라는 겁니다. 전문직, 흔히 말하는 '사'자 직업도 두 그룹으로 나뉘었습니다. 의사나 변호사라면 무조건 돈 많이 벌겠지 했는데 아니라는 거죠. 그럼, 이 두 그룹을 나눈 결정적 요인은 뭐였을까요?

'좋은 학교 나온 사람이 많이 벌겠지!' '아무래도 외모가 뛰어난 사람들이 잘되겠지!' 'IQ 높은 사람들, 머리 좋은 사람들, 공부 잘하는 사람들이 잘되겠지!' 했는데 그게 아니었어요. 두 그룹을 가른 것은 바로 이 책의 주제인 '의사소통 능력'이었습니다. 의사소통 능력 때문에 소득이 갈렸다고 합니다.

저희 동네에 소아과가 있었는데 폐업을 했어요. 의사선생님이 불친절하다고 소문이 났거든요. "선생님, 이거 먹으면 나을까요?"

라고 물어보면 "그걸 질문이라고 하십니까? 당연하죠, 약인데." 이
렇게 대답하니 상처받는 분들이 많았겠죠? 블로그나 카페에 그런
정보를 공유하더라고요. '그 소아과 절대 가지 마세요, 왕싸가지!'
이러니 실력 있는 의사인데도 폐업을 하더라고요. 모텔 청소를 하
던 한 청년은 2017년 매출 1,000억 원을 돌파한 스타트업의 CEO
가 되었습니다. '야놀자' 이수진 대표의 이야기입니다.

　모든 직업에서 첫 번째 그룹에 들어갈 수도, 두 번째 그룹에 들
어갈 수도 있다는 이야기죠. 저와 같은 강사도, 직장인도, 연예인
도 모두 두 그룹으로 나뉩니다. 그리고 이 두 그룹을 가르는 것이
바로 의사소통 능력입니다.

　의사소통 능력이 우리의 행복과 성공에 크고 밀접한 관련이 있
다는 것을 알아야 합니다.

스토리로 말하라

♦　　　　　진형이라는 친구가 있어요. 이 친구는 학점도 안
좋고, 토익 점수도 높지 않은데 아주 큰 회사에 들어갔어요. 본인도
신기했는지 인사 담당자에게 물어봤답니다.

　"저를 왜 뽑으셨어요?"

　"우리는 헛똑똑이는 필요없거든. 다른 지원자들은 어디서 보고

온 말을 했고, 너는 네가 경험한 것들을 이야기하더라."

진형이에게 어떤 식으로 대답했냐고 물었더니, 면접관이 요즘 경기가 어떻냐고 물어봤답니다. 진형이는 이렇게 대답했습니다.

"경기가 안 좋습니다. 제 어머니는 고향 창원에서 옷가게를 하십니다. 작년까지만 해도 한 달에 두 번씩은 서울에 물건을 떼러 오셨는데, 요즘은 아주 드뭅니다. 이제도 전화하셔서 이번 달에는 안 올라 온다고 하시더라고요."

다른 지원자들은 정답을 맞추려고 했다면, 이 친구는 그냥 자기 이야기를 한 거였습니다.

스토리텔링의 시대라고 합니다. 선생님이나 교수님들의 이야기에만 관심을 가지던 90년대와 달리, 덕후들의 이야기에 귀기울이는 시대가 되었어요. 넥타이를 맸다고 귀기울이지는 않죠. 검은색 폴라 티에 청바지를 입고 나와 메시지를 전달하는 시대가 되었습니다. 권위가 아닌 공감으로 소통해야 합니다. 공감으로 소통하려면 스토리텔링을 알아야 합니다.

소통(疏通)
막히지 아니하고 잘 통함
뜻이 서로 통하여 오해가 없음

말에는
힘이 있다

♦ JTBC에서 방송했던 〈말하는대로〉라는 프로그램, 보신 적이 있나요? '말로 하는 버스킹'이라는 콘셉트로, 유명인이 길거리 강연을 하는 교양 프로그램입니다. 저는 그들의 이야기가 시민들에게 잘 전달되도록 돕는 스피치 코치였어요.

1회 출연자인 장유정 감독님을 만났던 날이 기억납니다. 영화배우 공유와 임수정이 주연인 영화 〈김종욱 찾기〉의 연출가인데, 재미있게 봤던 영화의 감독님을 만난다고 생각하니 긴장이 되었어요. 기대 반 긴장 반으로 그분이 계신 충무아트홀로 갔습니다.

대화를 시작하고 20분쯤 지나자 나도 모르게 푹 빠졌어요. 계속 웃게 되더라고요. 문득 왜 이 사람에게 이토록 매료되었는지, 또 내가 왜 이렇게 친절하게 대하고 있는지 궁금해 지더라고요. 제가 모든 사람들에게 친절하지는 않거든요.

사춘기 때 일이 생각났습니다. 그때의 저는 참 까칠했는데 유독 한 분에게만큼은 친절하게 대했어요. 사람들은 보통 저를 보면 "말이 많다" "시끄럽다" "좀 조용히 해"라고 말하는데, 그분은 달랐습니다.

"민호는 아주 적극적이네! 에너지가 느껴져서 좋아!"

이런 말을 자주 해주시는데 참 고맙더라고요. 그 때문이었는지 그분에게만큼은 잘하고 싶었어요. 저를 좋게 봐주는 그분에게만큼은 더 좋은 모습을 보이고 싶었던 것 같아요. 저뿐 아니라 대부분의 사람들이 그분에게는 친절했어요. 지금 생각해 보니 그분은 현미경 같은 눈으로 사람들의 좋은 면을 찾아냈던 것 같아요.

장유정 감독님도 그런 분이었어요. 저를 처음 만나자마자 "스피치 선생님이세요?"라며 미소로 환영해 주셨고, 긴장한 제가 작은 의견을 낼 때마다 "우와, 좋은 의견이네요."라며 호응을 해주셨어요. 그러다 보니 저는 제 에너지를 더 많이 전하고 싶어지더라고요.

좋은 손님에게 좋은 차를 대접하고 싶듯이 천사 같은 나, 악마

같은 나, 무뚝뚝한 나, 친절한 나 등 수많은 '나' 중에서 '가장 좋은 나'로 그분을 대접하고 싶었어요. 감독님은 제가 가진 제일 좋은 차를 내놓게 했습니다.

'내 주변에는 왜 이렇게 불친절한 사람만 있을까?'라고 한탄했던 적이 있었는데요, 물론 제가 그런 사람만 만났을 리 없잖아요? 내가 먼저 좋은 차를 꺼내지 않으니, 상대도 비슷한 수준의 차를 꺼내어 준 건 아니었을까요?

"나는 정말 인복이 좋아!"라고 말하는 사람이 있다면 그 사람은 정말 좋은 사람만 '만나'는 걸까요? 좋은 사람이 되고 싶게 '만드'는 걸까요?

만나는 사람이 내 인생을 결정한다고 합니다. 저는 좋은 사람들을 만나기 위해 제 스스로에게 묻습니다.

> "나는 오늘도 많은 말을 하는데,
> 나는 말을 하며 사람을 만나는가?
> 말을 하며 사람을 만드는가?"

이야기의 힘

♦   "할머니, 옛날 이야기 좀 해주세요."

"그 남자랑 어떻게 됐어?"

"어떻게 5억이란 빚을 다 갚으셨나요?"

사람들은 이야기를 좋아합니다. 이렇게 남의 이야기와 사연에 관심을 갖는 이유는 뭘까요?

학교에서건 회사에서건 모임에서건 이야기를 잘하는 사람들 곁에는 늘 사람이 많았어요. 그게 너무 부러웠어요. 저도 이야기를 잘하고 싶어 이야기와 관련된 책을 보기 시작했습니다. 『최고의 시나리오』『아리스토텔레스의 시학』이런 책들을 봤어요. 그런데 좀 어렵더라고요. 그러다 보게 된 책이 EBS 다큐를 책으로 푼 『이야기의 힘』이었어요. 거기에서 매우 재미난 걸 발견했는데, '이야기'의 어원에 대한 것이었습니다. 모든 말에는 '어원'이 있잖아요. 바로 그 어원을 알려주더라고요.

'귀로 먹는 약 – '귀 이' '약 약' 기가 막히더라고요. '귀로 먹는 약'이라니!

우리는 '이야기'를 통해 인생의 불균형을 좀 해소하고 싶은 건지도 모릅니다. 내 인생의 문제를 누군가가 해결했다면 "어떻게 극복하셨어요?"라고 묻고 해결책을 듣고 싶은 거예요. 내 인생의 병을 귀로 듣고 치료하고 싶은 거죠. 몸이 아픈데 건강해졌다고 하면 묻고 싶어지죠.

"어떻게 병이 나은 거야?"

상대의 이야기를 통해 내 아픔을 치료해 나가는 것, 이것이 이야기의 힘입니다. 말을 잘하는 사람은 의사입니다. 잘 전달해 줌으로써 누군가의 아픔을, 고통을, 불편함을 해소해 주니까요.

어떻게 하면
이야기로 사람을 치료하는
'명의'가 될 수 있을까?

'경청'이 없으면
'멍청'이 된다

경청을 못하던 멍청이 시절

♦　　　　　　　나름 말을 잘한다고 생각했던 철없던 시절이 있었어요. 대학생들에게 영어수업을 할 때 영어에 관한 질문뿐만 아니라 진로 고민을 털어놓는 학생들이 많았어요. 1시간 넘게 상담을 하다 보면 제가 필요한 존재가 된 것 같아 뿌듯한 마음이 들었고요. 4~5년 넘게 상담을 하다 보니 고민의 패턴이 보이더라고요. 나름대로는 빅데이터가 쌓였다고 생각하게 되었죠. 그때부터였어요. 귀로만 듣고 마음으로 듣지 않았던 시점이….

한 학생의 고민을 듣다가 속으로 '아, 이런 거. 나는 답을 알지!' 하고는 학생의 말을 끊고 허세 담긴 말을 쏟아냈어요. 그런데 학생의 표정이 점점 굳어가는 게 보였어요. 그리고 제게 던진 한마디!

"선생님, 그런 말씀 하실 줄 알았어요."

그 말을 듣는 순간, 발바닥 어딘가로 온몸의 피가 다 빠져나가는 느낌이 들더라고요. 저는 경청하지 않고, 멍청하기 짝이 없는 말을 한 거였어요. 멋진 말을 해주면 인상도 인생도 펴질 줄 알았는데 반대의 상황이 생긴 거죠.

'말하기'의 기본은 '듣기'입니다. 듣는 사람이 원하는 건 둘 중 하나에요. '원하는 이야기' 또는 '필요한 이야기'. 상대방이 원하거나 필요한 이야기를 해주려면 우선 그 사람의 말을 잘 들어야 합니다. 상대가 말을 안하면? 관찰이라도 해야겠죠.

상대방이 가려워하는 곳도 모른 채 긁기만 한다면 어떻게 될까요? 대화나 관찰을 통해 가려운 곳의 좌표를 파악하는 게 우선입니다. '오른쪽 날갯죽지 아래에 움푹 파인 곳' 등의 지시사항을 잘 파악하거나, 쩔쩔매는 모습을 감지해 손이 닿지 않는 가려운 곳을 파악한 사람만이 방향을 잡아낼 수 있습니다. 방향을 잘못 잡은 채 15분을 계속 긁거나 말한다면 그게 바로 비극이죠. 가렵지도 않은 곳을 15분이나 긁어준다고? 악!!

스피치 스킬이 시급한 사람이라면 지금쯤 속으로 외칠지 모르겠네요.

"빨리 스킬이나 알려줘요!"

그렇죠. 그럴 수 있습니다. 그럼에도 경청에 대한 강조는 절대 지나칠 수 없고(pass by), 몇 번을 해도 지나칠 수 없어요(enough).

제가 겪은 사례를 하나 더 이야기해 드릴게요.

허리를 다쳐 동네 한의원에 갔었는데, 새로 생긴 깔끔한 한의원이었어요. 세련된 인테리어만큼이나 깔끔하고 젊은 한의사 선생님이 저를 반겼습니다. 진맥을 신중하게 하더니 시원하게 말씀하셨어요. "누우세요!" 그리고 침을 딱딱 놔주는데, 그 진행 과정이 너무 마음에 들었어요. 모든 게 마음에 들었지만 딱 하나가 마음에 들지 않았으니, 2주 넘도록 허리가 안 나았다는 사실! 그리고 며칠 후 고향에 내려가게 되었는데, 허리가 너무 아파 그곳의 한의원을 찾았어요. 제가 초등학생 때부터 있었던 20년 넘은 한의원은 허름했고, 한의사 선생님은 답답하고 느리기 그지없었어요. 허리가 아파서 마음이 급한 나에게 참으로 많은 걸 시켰어요. 이쪽저쪽으로 엎드리게 하고 다리를 들어보라 내려라 등등 진맥도 10분 넘게 걸렸어요. '아파 죽겠으니 바로 침이나 좀 놔주세요.'라는 생각이 들었죠. 20년 넘은 낡은 침대는 쑥쑥했고, 모든 게 마음에 안 들었어요. 다 싫었지만 제일 중요한 딱 하나가 좋았어요. 허리가 갑자기 펴지며 하나도 안 아픈 거예요. 성경에 나올 법한 기적 같은 일이 일어난 거죠.

급한 마음이 들 때마다 두 분 한의사 선생님을 떠올립니다. 급한 마음을 누르고 차분하게 가는 건 쉽지 않습니다. 저처럼 성질 급한 손님들 때문에 선생님은 더 힘들었을 거예요. 얼른 침을 놔달라고 하면 진맥을 제대로 할 수 없겠죠. 스피치도 마찬가지입니다. 말하기에 앞서 듣기가 중요하다는 걸 강조하는 이 순간, 저 역시 고향의 할아버지 한의사가 된 기분입니다. 그럼에도 저 역시 중요한 원칙을 말하고 싶습니다.

"스킬을 놓치는 건 되지만 원칙을 놓쳐서는 안 된다!"

경청은 말하기에도 도움이 된다

◆　　　　　'탱크' 최경주 프로 골퍼의 일화를 들은 적이 있어요.

"어떻게 그렇게 말을 잘하세요?"

묵직하게 생긴 골프선수 최경주가 조곤조곤 말을 너무 잘하자 기자가 평소에 책을 많이 읽냐고 물었습니다.

"운동하느라 책 읽을 시간이 없습니다. 다만 남들이 말할 때 잘 듣습니다."

경청하는 사람은 멍청할 수 없다.
잘 들어야 잘 말한다.

당신은
멋있으면 안 된다

말잘하고싶다

◆   누구나 살면서 한 번쯤은 '말을 잘하고 싶을 때'가 있습니다. 유재석처럼 재치가 있었으면, 손석희처럼 논리적이었으면 하고 꿈을 꾸게 되죠.

우리 주변에도 말 잘하는 사람들은 늘 있습니다. 그들처럼 되고 싶지만 막상 사람들 앞에 서면 심장이 쿵쾅거리고 머릿속이 하얗게 변합니다.

저의 말하기 역사에도 굴곡이 많습니다. 중학교 1학년에는 반장

선거에 나갔다가 처참히 깨졌습니다. 2학년이 되어 남녀 합반에서 남자 반과 여자 반으로 분리된 덕분에 다행히 반장이 되었죠. 3학년이 되어 반장 선거에서는 떨어졌지만 학생회장 선거에 나가 당선되었어요. 정말 말을 잘하고 싶어 기회만 있으면 사람들 앞에 섰습니다. 고등학교에선 연극부를 했고, 대학생이 되어서는 동네 노래자랑에도 나갔습니다. 사람들 앞에 서서 말하는 게 참 어렵지만 짜릿했습니다.

결국 말하는 것을 '직업'으로까지 생각하게 되었고, 제대로 배우기 위해 고수를 찾아 나섰습니다. EBS에 출연하고 계신 유명한 선생님을 찾아간 건 27세 때의 일이었어요. 선생님을 따라다니며 놀라운 것들을 배울 수 있었습니다. 선생님은 청중을 집중시키는 법, 이해시키는 법, 기억시키는 법 등 25년 베테랑 강사의 평생 노하우를 저에게 알려주셨어요.

선생님께 배운 것을 매일 8시간씩 연습했고, 2010년에는 1억 원 상금을 내건 '영어 강사 TV 오디션' 대회에 나가 우승을 했습니다. 그런데 배움엔 끝이 없더라고요. 더 잘하고 싶었고, 무엇을 더 연습해야 하는지 끊임없이 질문했습니다. 선생님은 합정동의 한 주꾸미 집에서 밥을 먹다가 저에게 따끔한 충고를 해주셨어요.

"민호야, 너무 멋있으려고 하지 마"

♦ 충격이었습니다! 같이 공부하던 변호사 형은 "우와, 강력한 한 방! 우리 민호, 이거 아프겠는데"라고 말했을 정도였어요. 사실 아픈 감정보다는 궁금했습니다. 말 잘하는 것이 멋있는 거라고 생각했는데, 뭐가 문제인지 이해를 못하겠더라고요.

"네, 조심하겠습니다"라고 우물쭈물 대답하고 말았습니다. 시간이 지나 유명한 스피치 책을 보며 그 말의 의미를 알게 되었어요.

"잊지 마라. 스피치를 하는 당신은 '제다이'가 아니다. 마스터 '요다'이다!"

영화 〈스타워즈〉에서 제다이는 주인공이고, 요다는 주인공을 돕는 '조력자'입니다. 강사가 주인공이 되려고 하지 말고, 청중을 주인공으로 만들어 줘야 한다는 뜻이었죠. 〈해리포터〉로 예를 들자면, 무대에 선 사람은 덤블도어나 해그리드처럼 조력자가 되어 청중을 해리포터로 만들어 줘야 한다는 뜻이었습니다. 주꾸미 식당에서의 선생님 말씀이 조각처럼 딱 맞춰지더라고요.

말 잘하는 사람이 되어 멋있어지고 싶었고, 왕따를 당했던 초등학생 때의 아픔을 벗어나고 싶었던 거겠죠? 찌질하지 않고 당당한 사람이 되고 싶었고, 말을 잘하면 멋있는 사람이 될 거라 믿었어요. 그래서 그토록 도전하고 도전했는데, 그 멋있어지고 싶은 마음이 내 스피치의 한계라고 스승님은 정확하게 말씀해줬던 거죠. 관객이 나를 위해 존재하는 것이 아니라 관객을 위해 내가 존재해야 하는 거라고!

의지가 콘텐츠를 넘어서면 허세가 된다

♦ 　　　　　힘을 빼고 진실하게 소통하는 것이 진짜 멋진 거라는 걸 한 결혼식의 주례 선생님을 통해 깨닫게 되었어요.

보통 결혼식에서 주례사는 대부분 찬밥 신세입니다. 그날은 지인의 결혼식이었는데, 주례 선생님이 보통과 좀 달랐습니다. 우주 속에 세 사람만 존재하는 듯 신랑과 신부를 보며 속삭이듯 말했어요. 웅변하지도 않았고, 멋진 문장을 쓰지도 않았죠. 그저 신랑과의 만남을 추억하고, 그 작은 만남에서 느꼈던 신랑의 장점을 신부에게 알려주었어요. 신부와의 일화를 통해 그녀의 장점을 신랑에게 알려주었고요.

"두 사람은 참 좋은 사람이니 지금처럼 사세요!"라는 그 진정성 있는 말씀에 눈물이 났는데, 주변을 둘러보니 모두가 쥐죽은 듯이 주례사를 들으며 훌쩍이고 있었습니다. 주례 선생님은 신랑과 신부를 해리포터로 만들어 주었습니다. 그 세 사람이 만든 영화 같은 장면을 보며 하객들도 행복해 했습니다.

SBS 공채 개그맨인 지인도 비슷한 이야기를 한 적이 있습니다.

개그맨이 스타가 되려고 하는 순간 개그는 망가진다고 하더라고요. 오직 관객만을 생각해야 한다는 거죠. 강의를 10년째 한 저도 비슷한 실수를 합니다. 늘 멋있으려고 합니다. 그럴 때 말하기는 실패합니다.

스피치는 청중을 위할 때 반짝 빛난다

♦ 이제 다시 대답해 봅시다. 스피치의 목적은 무엇인가요? 말하는 당신이 아니라 '당신의 말을 듣는 사람'을 주인공으로 만드는 겁니다. 최고의 가수는 듣는 사람에게 최고의 감정을 선물합니다. 최고의 강연자의 목적도 듣는 사람에게 지식이나 감동을 선물하는 것입니다.

만약 이 글을 통해 스피치의 올바른 목적을 알게 되었다면 당신은 영웅이 된 것이고, 저는 말하기의 목적을 다한 것입니다.

책을 읽고 있는 당신과 저,
우리는 한 팀입니다.

상대를 아는 것이
먼저다

◆   처음 기업 강의를 했던 날 끔찍했던 기억이 있습니다.

모 회사에서 처음으로 영어 강의 의뢰가 들어와 열심히 준비했어요. 이 강의를 잘하면 나중에 다른 강의로 계속 이어질 것이니까요.

강의를 시작하고 15분쯤 지나 한 청중에게 "용기를 내어 영어로 말해 보세요"라고 했는데 놀랍게도 영어를 너무 잘하는 겁니다. 반대쪽에 있는 다른 사람에게도 부탁했는데 결과는 마찬가지였습니다. 다들 영어를 너무 잘했어요. 알고 보니 다들 해외업무를 담당하는 분들이었습니다. 초보를 대상으로 한 강의를 준비했는데, 대상은 초보가 아니었던 거죠. 그때부터 나머지 1시간 30분이 어떻게 흘러갔는지 기억도 나지 않습니다.

그 뒤로는 강의가 잡히면 담당자와 통화하며 질문을 많이 합니다. 상대방에게 묻고 확인하면서 그들의 니즈를 파악하는 것이 공감의 첫걸음입니다.

21세기의 문맹은 글을 읽지 못하는 사람이 아니라, 상대의 마음을 읽지 못하는 사람입니다. 문맹이란 '배우지 못하여 글을 읽거나 쓸 줄을 모름 또는 그런 사람'이라고 사전에 나옵니다. 어렸을 때는 더러 글을 못 읽는 사람이 있었지만 최근엔 글을 못 읽는 사람을 본 기억이 없습니다. 교육의 기회가 많아졌기 때문이죠. 교육을 받았기에 읽을 수 있게 되었고, 읽을 수 있다는 것은 또 배울 수 있음을 의미합니다. 그런데 글을 읽지 못해 배우지 못하는 비극은 사라졌지만 다른 문제가 발생하고 있습니다. 글이 아닌 마음을 읽지 못해 생기는 일들, 바로 '공감맹'에 대한 이야기입니다.

경청과 관찰, 그리고 질문

◆　　　　　　　말을 잘하려면 잘 듣는 것이 우선입니다. 상대의

말을 잘 듣고, 그가 원하거나 필요로 하는 이야기를 하는 것이 말하기의 기본입니다. 경청의 중요성은 백 번을 강조해도 모자라지 않지만, 경청만으로는 충분하지 않습니다. 경청과 더불어 필요한 것은 '관찰'입니다. 경청이나 관찰을 통해 상대의 마음을 읽어내야 의미있는 말하기가 가능해지는 겁니다.

경청의 전제조건은 바로 '상대방의 말'인데, 공을 던지는 투수가 있어야 공을 받는 포수가 역할을 할 수 있는 것입니다.

상대가 말을 잘해주는 것은 좋은 투수를 만난 경우라고 할 수 있습니다. 받기 좋은 속도와 방향으로 던져주는 공은 누구라도 받아낼 수 있지만, 안타깝게도 변화구와 강속구는 받아내기 쉽지 않습니다. 심지어 공을 아예 던지지 않는 사람을 만날 때도 있습니다. 그럼, 말을 하지 않는 상대를 만났을 때 필요한 것은 무엇일까요? 공을 던지라고 사인을 보내는 것, 바로 질문입니다.

〈셜록 홈즈〉를 보면 홈즈는 탐정 아니랄까 봐 상대방이 어디에 다녀왔는지, 직업이 무엇인지, 심리상태가 어떤지 등등을 척척 알아맞힙니다. 신발 바닥에 말라붙어 있는 흙 같은 것으로 추론하는 거죠. 어린 마음에 너무 멋있어 보여서 따라 해 본 적도 있었는데, 틀리는 경우가 대부분이었어요. 지금 생각해 보면 '질문'이라는 쉬운 방법이 있는데 굳이 추리해서 맞추려고 한 것은 대문이 열려 있는데 담을 넘는 것과 같은 행동이었죠.

그럼, 정리해 볼게요.

공감을 하려면 상대의 상황을 알아야 합니다. 관찰과 질문은 공감을 돕는 중요한 도구입니다. 이 책을 쓸 때도 말하기에 관심 있어 하는 사람들을 관찰하고, 어떤 내용이 들어가기를 원하는지 질문하면서 대화를 했어요. 여러분도 항상 경청하고 관찰하고 질문하는 것을 생활화하세요.

과녁이 어딘지 확인하고
화살 시위를 당겨야 한다.
상대의 마음을 향해 화살을 당겨야 한다.

조각칼·럼!

· · · ·
결정장애가 있는
당신에게…

노트북을 사러 갔다. 마음에 드는 것을 고른 후 매장의 아르바이트생에게 할인을 부탁해도 소용이 없다. 그에겐 '권한'이 없기 때문이다.

『어떻게 원하는 것을 얻는가?』의 저자인 스튜어트 다이아몬드 교수는 오래전 내한 강연에서 이렇게 말했다.

"협상을 하려면 권한을 가진 사람과 이야기하라!"

우리 뇌에서 변연계는 '감정과 행동'을 결정하고, 신피질은 '언어와 이성적 판단'을 다룬다. 쉽게 말하면 감정이 사장이고, 이성은 알바생이라는 것이다. '행동'을 결정하는 것은 '이성'이 아닌 '감정'이라는 뜻이다.

"다이어트 중이야. 먹으면 안 돼!"라고 이성이 외쳐도, 치킨을 맛있게 먹는 사람을 보면 자기도 모르게 치킨을 주문하게 된다. 마케팅 전문가는 이를 너무나 잘 알기 때문에 '먹어야 할 이유'에 호소하지 않는다. 그냥 먹고 싶게 만들 뿐이다. TV 속 간접광고와 가상광고는 이렇게 우리의 감정을 움직인다.

"다이어트는 내일부터다!"

결정이 힘들 때 종이 위에 손익을 나란히 적어 봐도 선택은 여전히 어렵다. 사실, 생각할수록 어려워진다. 가격을 깎아달라고 1주일째 실랑이를 벌이는 격이다. 누구랑? 아무 권한도 없는 알바생이랑!

이렇듯 '이성'은 선택에 큰 영향을 끼치지 못한다. 그렇다면 무엇이 포인트일까?

영감을 주는 스토리, 사람, 음악 등이 우리 삶의 방향을 결정한다.

나는 수시로 닉 부이치치의 강연을 다시 본다. 삶에 감사하는 그의 태도가 스며들기 때문이다. SNS에서도 '감사' '도전' '성장' '배려' 등의 태도를 가진 사람들의 포스팅을 본다. 그러고 나니 삶이 놀랍도록 편해졌다. 시간이 있을 때 가족을 선택하게 되었고, 성공보단 성장을 선택하게 되었다. 비난보다는 상생을 원칙으로 삼게 되었다. 삶의 헌법이 명확해지니 판결은 쉬워졌다.

고등학교 2학년 대입을 준비해야 할 시기에 청소년 극단에 들어갔던 것도, 22세에 인디밴드를 시작해 2년이란 시간을 쏟아부은 것도, 워킹 홀리데이로 호주에 갔던 것도, 이 모든 것들을 금세 포기했던 것도 이성적인 판단이 아니었다. 28세에 '영어 강사 TV 오디션'에 도전했던 것도, 우승하고 상금 1억 원을 거절했던 것도 다 이성적인 선택은 아니었다. 도망가면 평생 후회할 것 같은 감정 때문에 도전했고, 1억 원을 받으면 토익을 가르쳐야 한다는 조건이 감정적으로 힘들었기 때문이다.

모든 조건이 불리하더라도 마침내 승리했던 사람들을 한 명 한 명 떠올리며 함께하고 대화하자. '판단'을 주우려고 넓은 길로 가지 말고, '영감'을 주우러 좁은

길로 가자. 불리하게 태어났다고 해서 불리하게 살지 말자. 마음이 몽실몽실해

지는 영감의 세계에서 뛰어놀자.

10년 뒤 자신의 미래에게 물어보는 것, 거울 속의 내가 대답해 줄 것이다. 우리

는 마음의 소리에 귀기울여야 한다.

"비관주의자의 말은 대개 옳다.

하지만 세상을 바꾸는 사람은 항상 낙관주의자이다."

★ 초보 운전자에게 운전은 괴로움이지만, 능숙한 사람에게 운전은 즐거움입니다. 운전이 즐거움이 되기 위해선 연습이 필수입니다. 말하기도 마찬가지입니다. 충분히 연습해야 "드라이브 가자!"라고 외칠 수 있듯이, 말하기도 충분히 연습하면 즐거움이 됩니다. Part 2에서는 말하기를 안전하게 연습할 수 있는 방법들을 소개하고 있습니다.

늦게 일어난 사람이 가는 지옥이 '출근길'이라고 합니다. 연습을 충분히 하지 않은 사람이 가는 지옥이 바로 '무대'입니다. 연습을 충분히 하면 천국으로 바뀔 수 있는 공간이기도 합니다.

우리는 평소의 말하기를 비롯해 면접, 발표, 협상이라는 무대에 서기 위해 어떤 준비를 해야 할까요?

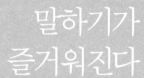

말하기가
즐거워진다

Part 2

참기름 꺼내듯
연습하라

"말을 잘하려면 어떻게 해야 하나요?"

주변에서 이렇게 물을 때면 저는 늘 '참기름 이야기'를 들려줍니다. 참기름? 고소한 향기를 내는 참기름? 비빔밥 비벼 먹을 때 고추장, 깨소금과 함께 천상의 콜라보를 자랑하는 그 참기름? 향기가 너무 고소해 어렸을 때 병째 마셨다가 '향'과 '맛'은 다를 수도 있다는 배신감을 안겨준 그 참기름? 맞습니다. 그 참기름 이야기입니다.

웬 참기름 이야기?

♦   초등학교 때의 일이었어요. 배가 고픈데 집에 어머니가 안 계셨어요. 제가 해먹을 수 있는 음식이라곤 라면이 전부였는데 그날 따라 밥이 먹고 싶더라고요. 엄마가 밥을 차려주면 라면이 먹고 싶고, 라면을 먹어야 할 땐 밥이 먹고 싶죠.

"아, 밥이 땡긴다!"

당시 노래연습장을 운영하셨던 엄마에게 전화해 배고프다고 투정을 부렸더니 비빔밥을 만들어 먹으라고 하셨어요. 비빔밥? 그 정도는 할 수 있을 것 같았어요. 냉장고를 열어 계란을 꺼내 팬에 기름을 두르고 계란프라이를 했습니다. 이쯤에서 살짝 뿌듯했습니다. 폴폴 김이 나는 흰 쌀밥을 전기밥솥에서 꺼내 그릇에 담고 그 위에 계란을 올렸어요. 김치도 꺼내 식탁에 올렸는데 뭔가 허전했어요. 그건 바로 참기름이었죠. 다시 엄마에게 전화해 물었습니다.

"엄마, 참기름이 없어!"

"없긴 왜 없어. 싱크대 오른쪽 두 번째 찬장에 있잖아."

엄마의 말씀대로 참기름은 정확하게 그곳에 있었어요. 없는 게 아니라 내가 어디에 있는지 모르는 것이었죠.

말을 잘하고자 하는 사람에게 묻고 싶습니다.

"당신에게 계란이나 김치와 같은 이야기는 무엇입니까?"

"참기름 같은 이야기는 무엇인가요?"

누구에게나 계란처럼 말하기에 익숙한 이야기가 있고, 참기름처럼 어색한 이야기가 있습니다.

계란과 참기름

♦ 제가 계란을 쉽게 꺼낼 수 있었던 이유는 뭘까요? 계란은 냉장고를 열면 늘 보였기 때문입니다. 냉장실 가장 위 칸 내 눈높이에 딱 맞는 그곳에 항상 계란이 있었거든요. 하루에도 2~3번은 보았던 그곳에 1년 365일 계란이 있었어요. 라면을 먹기 위해 김치를 꺼낼 때도 보았고, 물통을 꺼낼 때도 보았고, 하릴없이 냉장고 문을 열 때도 보았죠. 물론 라면을 끓일 때 계란을 자주 꺼냈던 것이 가장 큰 이유였을 거예요. 참기름이 없다고 생각한 이유는 뭘까요? 꺼내 본 적이 없었기 때문이죠.

누구에게나 계란처럼 잘 꺼낼 수 있는 말이 있고, 참기름처럼 꺼내 본 적이 없는 말이 있어요. 노래도 그렇잖아요. 많이 불러서 쉽게 부를 수 있는 노래가 계란이라면, 어물어물 가사가 잘 생각이 나지 않는 노래가 참기름입니다.

"아침해가 빛나는~ 끝이 없는~ 바닷가"(피구왕 통키)

"해 저문 소양강에 황혼이 지면~"(소양강처녀)

"동해물과 백두산이~"(애국가)

"아름다운 이 땅에 금수강산에~"(한국을 빛낸 100명의 위인들)

누구나 가사를 보지 않고도 부를 수 있는 노래가 몇 곡쯤은 있을 거예요. 한두 소절만 불러주면 그 뒤는 자동으로 나오는 노래가 있다면 적어도 말하기에 있어서 기능적인 문제는 없는 사람이라는 증거입니다. 이미 1분 이상의 분량을 머리에 집어넣는 능력이 있음을 의미하니까요.

참기름 꺼내듯 연습하라

"5천 가지의 발차기를 아는 사람은 두렵지 않다.

하지만 하나의 발차기를 5천 번 연습한 사람은 두렵다." - 브루스 리

◆   말하기도 발차기와 같습니다. 반복해서 자기 것으로 만드는 과정이 필요하죠. 말하기의 구성요소는 세 가지입니다. CLP라고 부르는데, C는 콘텐츠(contents), L은 언어(Language)이고, P는 전달능력(Performance)입니다. 셋은 각각 중요한 의미를 가지고 있는데, 누군가 말을 잘한다면 이 세 가지가 일정 수준을 넘는 상태입니

다. 그럼, 각각 자세히 알아보겠습니다.

C(Contents)는 말하고자 하는 내용이에요. 이별 노래라면 '내가 헤어지고 나서 얼마나 슬픈지'가 콘텐츠일 수 있고, '네가 헤어지자고 한 것을 평생 후회하게 해줄 테다'가 콘텐츠일 수 있어요. '그러니 다시 돌아와'가 핵심일 수도 있죠. 즉, 말을 하려는 핵심내용이 콘텐츠입니다.

L(Language)은 그 내용을 전달하는 언어능력이에요. 어떤 사람은 이별 후의 슬픔을 시처럼 표현할 것이고, 어떤 사람은 쌍욕으로 표현할 수도 있어요. 셰익스피어는 사랑에 빠진 연인을 '맑은 여름날'에 비유했고, 퀸의 프레디 머큐리는 '엑스타시'라는 마약에 비유했어요. 같은 콘텐츠를 다른 언어로 표현할 수 있다는 거죠.

P(Performance)는 전달력이에요. 똑같은 노래를 불렀는데 전달되는 느낌은 사람마다 다르죠. 이는 두 사람의 전달능력에 차이가 있는 거예요. 누군가는 너무 긴장해서 첫 가사를 놓쳤을 수도 있고, 누군가는 관객의 호응까지 이끌며 엄청난 박수까지 받게 되죠. "세이 호호~"

물론 CLP 셋 다 개발이 가능합니다. 이 책을 통해 콘텐츠를 선정하고 기획하는 방법, 좀 더 효과적인 언어를 선택하는 방법뿐만 아니라, 긴장하지 않고 까먹지 않고 당당하게 전달하는 능력을 키우는 팁을 얻을 수 있을 거예요.

유시민 작가는 "세계 최고의 트레이너가 있어도 배에 임금 王자를 새기려면 본인이 일어나야 한다"고 말했습니다. P(전달능력)에 대한 조언입니다. 결국 연습을 해야 한다는 것입니다. 언제까지? 엄마처럼 눈 감고도 참기름이 어디 있는지 훤히 볼 수 있는 정도까지 말이죠.

'연습하세요'가 이 글의 주제, '참기름 이야기'가 이 글의 뼈대인 핵심 콘텐츠(C)이고, 참기름 이야기를 이어나가는 나의 말투나 단어 선택 등이 언어능력(L)입니다. 그리고 이것을 사람들 앞에서 말해야 한다면 전달능력(P)이 필요합니다. 말과 글의 수많은 차이점 중 하나가 이 전달능력(P)의 유무인 것입니다. 글로 잘 쓴 내용도 사람들 앞에서 말해야 할 땐 반드시 전달능력이 필요합니다. 그럼, 이 능력은 어떻게 키울 수 있을까요?

열 번 이상 사람을 바꾸며 전달하라

◆　　　　　　　고등학교 때 말을 잘하고 싶었던 저는 재미난 이야기를 들으면 늘 다른 사람들에게 그 이야기를 해줬어요. 우리 학년에는 총 10반이 있었는데, 재미있는 얘기를 들으면 1반의 친구에게 들려주고 다음 쉬는 시간에는 2반의 친구에게 들려주었고, 이렇게 열 반을 다 돌았어요. 나중에 들은 이야기지만 10반 친구는 저를

재미있는 애라고 했고, 1반 친구는 시시하다고 했다더군요. 그렇습니다. 10반 친구는 제가 아홉 번에 걸쳐서 정리된 이야기를 들었기 때문이에요.

세계적인 강연가 앤서니 라빈스는 자신의 저서인 『네 안에 잠든 거인을 깨워라』에서 이런 이야기를 했습니다.

나는 1주일에 한 번 정도가 아니라 하루에 세 번씩 다른 사람에게 강의하기로 다짐했다. 그렇기 때문에 뛰어난 대중강사가 될 수 있었다. 우리 회사에서 일하는 다른 직원들은 1년 동안 48번 강의한다. 그러나 나는 2주 동안에 그와 비슷하게 강의한다. 결국 나는 한 달에 2년치 경험을 하게 되는 셈이다. 그러면 1년에 10년만큼씩 발전하게 되는 것이다. 내 동료들은 그런 나를 '천부적' 재능을 가지고 있다거나 '억세게 운이 좋은' 사람이라고 말한다. 다시 말하면 어떤 기술을 익히는 데 걸리는 시간은 '우리가 원하는 만큼'이다. 그렇다고 내 강의가 모두 훌륭했느냐 하면 절대 그렇지 않다. 그러나 나는 어떤 경험에서도 새로운 것을 배웠다. 그렇게 계속 발전한 덕분에, 나중에는 아무리 큰 규모의 강당이라도 들어가서 그들 인생의 어떤 분야에 대해서도 이야기할 수 있게 되었다는 것만은 확실히 말할 수 있다.

-『네 안에 잠든 거인을 깨워라』 앤서니 라빈스

저는 스피치 학원을 운영하고 있습니다. 매달 마지막 날에는 20

명이 넘는 학생들을 모아 두고 한 명씩 발표를 시킵니다.

서강대학교에 다니던 한 똑똑한 학생이 있었는데, 어찌나 긴장을 많이 했던지 손에 쥔 종이가 팔락거리는 소리가 교실 뒤까지 들렸어요. 그런데 이 친구가 1년 넘게, 한 달에 한 번씩 12번 이상 발표를 하고 나니까 나중에는 무대에서 호응을 이끌어내고 미소까지 짓더라고요.

〈세상을 바꾸는 시간, 15분〉이라는 프로그램 출연자들에게도 늘 이야기합니다. 사람을 바꿔 가면서 10번 이상 연습하라고요!

그렇다면 결론입니다.

어느 날 좋은 이야기를 들었으면 우선 그 이야기를 주변에 전달해 보세요. 최근에 읽었던 기사도 좋고, 영화의 줄거리도 좋습니다. 앞의 참기름 이야기는 어떨까요? 앤서니 라빈스의 이야기도 좋습니다.

이런 것이 '콘텐츠'입니다. 콘텐츠를 정했으면 이제 전달에 집중해 봐야겠죠? 저처럼 열 개의 반을 돌아다녀 보면 어떨까요? 학교를 안 다닌다고요? 그렇다면 학교를 하나 세우면 어떨까요?

오프라 윈프리도 "세상이 학교고, 우리가 다니는 곳이 다 교실"이라고 말했습니다. 자, 1반부터 10반까지 있다고 생각하고, 쉬는 시간마다 새로운 사람들을 찾아가 연습해 보는 겁니다.

"오늘 책을 읽었는데, 참기름 꺼내듯 연습하라는 말이 있었어!"

"세계적인 자기계발 강연가 앤서니 라빈스라고 있는데 그 사람이…."

이렇게 시작하면 되는 겁니다.

말을 너무 재미없게 해서 사람들이 떠나가면 어떡하냐고요?

전학을 가면 됩니다. 다른 교실로 넘어가면 됩니다. 한국에는 5천만, 지구에는 60억 인구가 있습니다.

좋은 이야기를 들었으면
우선 그 이야기를 주변에 전달해 보자!

쿵푸팬더는 어떻게
쿵푸 고수가 되었을까?

◆ 영어를 가르치며 매달 100명 이상의 초보를 만났습니다. 1년이면 1,000명이고, 그 일을 10년 넘게 했으니 10,000명이 넘는 초보를 만났겠지요.

1만 명 넘는 사람들을 만나다 보니 나름의 빅데이터가 생겼어요. 대화를 나누다 보면 이 사람이 영어를 어느 정도 잘하게 될 사람인지 알 수 있게 되었죠. 〈무릎팍도사〉처럼 무릎이 닿기도 전에 알지는 못하지만, 대화를 나누면서 표정을 보거나 소통을 하다 보면 뭔가 보이더라고요.

영어를 잘하는 사람들은 여러 가지 변수가 있겠지만 가장 중요한 것은 '학습태도'였어요. 초보의 경우 학습태도에 따라 두 가지 형태로 나뉘는데, 바로 '당당한 초보'와 '소심한 초보'입니다.

다음 글은 〈세바시〉 저널에 썼던 글입니다. 말하기를 배우려는 초보라면 글을 읽고 스스로의 상태를 점검해 볼 수 있는 좋은 기회가 될 거예요.

두 종류의 초보

♦　　　　　초보를 가르치다가 자주 뒷목을 잡는 사람들 보세요. 영어를 10년 가르치고 깨달은 티칭 노하우를 공유하고자 합니다.

이 노하우를 20명 정도의 선생님들에게 알려줬는데 변화가 있었습니다. 한 선생님은 일이 세 배는 즐거워졌다고 했고, 또 한 선생님은 학생들의 재수강률이 높아졌다고 기뻐했습니다. 누구나 할 수 있습니다.

초보를 가르치면서 제가 했던 가장 큰 실수는 그들의 심리를 파악하지 못했던 것입니다. 우선 초보를 두 종류로 나누어 볼까요.

1) 당당한 초보

이들은 자존감이 높습니다. 스스로 할 수 있다고 믿고 있습니다. '모르면 물어보면 된다' '모르니까 배우러 온 거다'라고 생각합니다. 스스로 할 수 있다고 믿기 때문에 일반적인 티칭이 통합니다. 간단합니다.

① 시범을 보여주고,

② 요령을 가르쳐주고,

③ 틀린 점을 수정해 주는 거죠.

2) 소심한 초보

소심한 초보는 자신을 의심합니다. 운동을 시작하거나 영어를 배우러 와서도, 이들의 머릿속에는 '내가 진짜 할 수 있을까?' '아, 나만 못하는 거 같아'라며 끊임없이 자신을 의심합니다. 이럴 때는 학습능력이 극도로 낮아집니다.

유명한 정신과 의사이자 FBI 협상고문인 마크 고울스톤은 이를 '편도체 납치'라고 이름 붙였습니다. 불안, 긴장, 위기의 상태에서는 이성을 관장하는 '신피질'이 제대로 작동하지 않습니다. 면접관 앞에 서면 아는 것도 제대로 말하지 못하는 이유가 바로 '편도체 납치' 때문입니다. 해결책은 무엇일까요?

제가 소심한 초보들을 만나면 활용하는 방법이 있습니다. '작은 성취감 주기'입니다. 레벨 0 정도의 질문을 주고 성취하게 합니다. 소심한 초보는 기뻐합니다. 눈빛을 보고 확인해야 합니다. 불안의 눈빛에서 희망의 별이 반짝일 때까지 쉬운 질문을 계속 던집니다. 한순간 표정이 밝아지고 입꼬리가 올라갑니다. '작은 성취감'을 느낀 겁니다. 여기서 초보의 심리상태가 바뀝니다.

'할 수 있을까?' → '할 수 있구나!'

썸을 타면서 연애가 시작되듯이, 이 순간을 잘 넘겨야 진짜 티칭이 시작됩니다.

주의할 점은 '선생님 수준에서 쉬운'이 아닌 '초보 수준에서 쉬운' 질문을 주는 겁니다. 이를 위해 선생님들은 고민해야 합니다. 일반적으로 초보들이 쉽게 느낄 만한 질문을 준비해야 합니다.

운동을 가르칠 때는 스트레칭을 시켜보고 "오~ 유연하네요" 정도로 말해주면 좋습니다. 영어를 가르칠 때는 간단한 질문에 대답하게 하고 "와, 입을 여는 게 제일 힘든 일인데, 성공했습니다!"라고 말해줘도 좋습니다.

TV 프로그램 〈말하는대로〉와 〈세상을 바꾸는 시간, 15분〉에서 스피치 코칭을 했을 때도 이 방법을 썼습니다. 데뷔한 지 10년이 넘은 유명 연예인이 스피치를 준비하며 긴장하는 모습은 의외였습니다. 시간이 지나며 알게 된 사실은, 아무리 인기 많은 연예인이어도 15분 이상의 대중스피치 경험은 없다는 것이었습니다. 무대가 바뀐 겁니다. 한식 요리사가 러시아 요리를 만들어야 하는 느낌이었을 겁니다. 그들도 격려가 필요합니다.

코칭을 진행하며 "와, 이 이야기는 사람들에게 큰 감동이 되겠는데요."라며 독려하다 보면 그들의 표정이 바뀌는 순간이 있더라고요. 저는 낚시를 잘 모르지만 그 느낌이 바로 손맛이 아닐까 짐작했습니다. 짜릿했죠!

삼성, LG 등 기업체에 스피치 특강을 가도 마찬가지입니다. 강의 초반에 간단한 질문과 대답을 나누며 "우와, 역시 ○○이라서 다르군요"라고 회사 칭찬을 합니다. 이토록 간단한 격려가 2시간의 강연 분위기를 좌우한다는 것은 정말 놀라운 경험이었어요.

고등학교에 특강을 가도 마찬가지입니다. 대답을 유도하고 "우와, 대단해요. 오늘 멋진 학생들을 만나서 정말 기쁩니다!"라고 진심으로 말하면 공기가 바뀝니다. 이런 사실을 알고 나서부터는 인정과 칭찬을 항상 활용하고 있습니다. 안 할 이유가 없죠.

정리하겠습니다. 초보들에게 '노하우'를 알려주기 전에 '넌 할 수 있다'는 사실을 먼저 알려줘야 합니다.

'할 수 있다'고 믿게 만드는 것이 중요하다

◆   영화 〈쿵푸팬더〉에는 두 명의 스승이 나옵니다. 한

명은 거북이 할아버지이자 대스승인 우그웨이, 다른 한 명은 우그웨이의 제자이자 타이렁의 스승인 시푸입니다. 그런데 시푸가 자신의 제자를 아무리 가르쳐도 나아지지 않자 우그웨이를 찾아가 외칩니다.

"어떻게 해야 합니까!!! 어떻게!!!!"

우그웨이는 이렇게 답합니다.

"아니라네, 시푸. '어떻게'가 중요한 게 아니라네. '믿음'이 먼저야. 믿어야 해. 약속하게 시푸. 믿는 게 먼저라네. 약속해 주게나. 믿을 거라고!"

저는 초보를 가르칠 때마다 우그웨이의 말을 늘 가슴에 새깁니다. 학생 스스로 '할 수 있다'고 믿게 만드는 것이 먼저입니다. 눈빛이 반짝일 때 진짜 티칭이 시작됩니다.

밤하늘의 별이 잘 보이지 않는 세상입니다.
이 책이 조금이나마 도움이 되어,
독자분들의 눈이 별처럼 반짝였으면 합니다.

스피치가
뭐예요?

♦   KBS 연예대상을 받은 코요태 출신 가수 겸 방송인 김종민 씨를 만났습니다. JTBC 〈말하는대로〉 스피치 코칭 때문이었습니다.

촬영을 하루 앞두고 함께 스피치 연습을 하고 있는데, 김종민 씨가 제게 갑자기 질문을 했어요.

"코치님, 그런데 스피치가 뭐예요?"

이게 무슨 소린가? 내일 스피치를 해야 하는데, 스피치가 뭐냐니? 개그를 하는 건가? 잠시 멍해져 눈을 쳐다봤는데, 눈빛에 진심이 묻어 있었어요. 개그가 아니었죠. 그런데 대답하려는 순간 제 말문이 막혔어요.

'그러게, 스피치가 뭐지?'

10년이 넘게 사람들 앞에서 스피치를 했는데, 막상 '스피치'가 뭐냐는 질문을 받으니 답을 하기 힘들었어요. 이 글을 읽고 있는 당신은 뭐라고 답하실 건가요?

"사람들 앞에서 말하는 겁니다."

이렇게 얼버무렸지만 개운하지 않더라고요. 이후 참고서적들을 찾고, 주변에 물어보기도 하며 두 가지 결론을 얻었습니다.

혼자 말하지만 함께 가는 것이다

♦ 　　　　첫째, 스피치는 '혼자서 말하는 것'입니다. 둘이서 주고받는 것을 스피치라고 하지 않습니다. 대화라고 하죠. 〈TED〉〈세바시〉〈강연 100°C〉 등 스피치 프로그램에 출연하는 사람은 혼자 말합니다. 스피치가 있다고 하면 강사가 일정한 시간 동안 '혼자' 말한다고 예상할 것입니다.

하지만 혼자 말한다고 모두 스피치는 아닙니다. 혼잡한 지하철에서 혼자 떠드는 사람을 보고 "오, 스피치 하는구나"라고 받아들이지 않죠! 부모님이 자녀를 앞에 두고 한 시간 동안 이야기한다고 해서 스피치라고 하지 않습니다. 이는 혼잣말이나 잔소리라고 합니다.

혼자 말하는 모든 것이 스피치가 아니라면 스피치를 만들어 내는 나머지 조건은 무엇일까요?

이것이 스피치의 두 번째 조건입니다. '혼자 말하지만 청중과 함께 가는 것'입니다. 좋은 스피치를 들으면 마음이 움직입니다. 마틴 루터 킹의 스피치를 들으며 수많은 사람들이 인권운동을 함께 했습니다. 좋은 스피치를 들으면 고개를 끄덕이게 되고, 심장에서 북소리가 납니다. 누군가의 스피치를 통해 모르는 것을 알게 되고 머리가 아득해지기도 합니다. 혼자 말하지만 결코 혼자 가지 않고, 내 이야기를 듣는 이와 함께 움직이는 것이 스피치입니다.

좋은 스피치를 들었을 때의 느낌은 좋은 노래나 영화, 책을 만났을 때와 같습니다. 3분, 2시간, 1주일 동안 그 속에 빠져 함께 가는 것, 스피치는 듣는 사람과 함께 여행을 떠나는 것입니다. 외로움에서 위로로, 슬픔에서 기쁨으로, 지루함에서 신남으로 이끌어 주는 것입니다.

결론적으로 스피치는 '연사가 혼자 말하지만, 청중과 함께 가는 것'이라고 할 수 있을 거예요. 그런데 혼자 말하면서도 함께 가기 위해서는 준비가 필요하겠죠? 듣는 사람들이 궁금해하는 게 뭔지,

이해 못하는 부분이 무엇인지, 의심스러운 부분을 어떻게 해소시켜 줄지 치열하게 고민해야 함께 갈 수 있습니다. 비행기는 도착할 때까지 내릴 수 없지만 스피치라는 여행에서 관객들은 언제든지 중간에 내릴 수 있으니까요!

김종민 씨가 제게 다시 스피치가 뭐냐고 묻는다면 이제는 이렇게 대답할 수 있을 거예요.

"스피치는 혼자 말하지만, 함께 떠나는 여행입니다. 내일 15분간 사람들은 김종민이라는 운전사에게 자신들의 마음을 맡길 거예요. 부디 멋진 여행을 만들어 주세요."

스피치는 청중과 함께
떠나는 여행이다!

하버드대학 30년 글쓰기 강사의
조언

말을 할 때의 세 가지 법칙

◆　　　　　제가 아는 분이 살이 쏙쏙 빠지더라고요. 딸의 결혼을 앞두고 계신 분이었는데, 딸이 아빠에게 주례사를 부탁했기 때문이죠. 긴장한 겁니다. 세상에서 가장 아름다운 신부보다 더 날씬한 모습으로 결혼식장을 향하는 그분의 모습을 보았어요.

결혼식이나 졸업식 같은 중요한 행사에서 주례나 축사를 부탁받아본 적이 있으신가요? 누군가에게는 일생일대의 큰일이 되기도 합니다. 살이 빠지는 것은 왜일까요? 걱정이 되어 식욕이 사라지기 때문이기도 하고, 뇌가 에너지를 많이 쓰기 때문이기도 합니다. 앞에서도 이야기했지만 뇌는 가만히 있어도 인체 에너지의 25%를 쓴다고 합니다. 시동만 켜놓은 차가 연료통의 연료를 4분의 1이나 태워 먹고 있는 거죠. 그리고 본격적으로 생각을 시작하면 엄청난 에너지를 쓰게 된다고 합니다. 저 역시 재능영어TV에서 〈이민호의 술술 풀리는 문법〉이라는 강의를 촬영하던 때 6kg이나 빠지기도 했습니다.

첫 출판계약을 했을 때도 엄청난 스트레스를 받았어요. 글을 열심히 쓴다고 썼지만 쉽지 않았어요. 학원 학생들에게 제가 쓴 글을 보여줬더니 "선생님은 이 글이 이해가 되세요?"라고 되묻는 학생도 있었어요. 정말 글쓰기가 쉽지 않더라고요.

그때 큰 도움이 된 책이 하버드대학에서 30년 동안 글쓰기 강의를 한 바버라 베이그의 『하버드 글쓰기 강의』라는 책이었어요. 저자는 글쓰기의 법칙으로 네 가지를 제시했는데, 저는 이를 참고하여 말을 할 때의 3가지 법칙을 만들어 봤어요. 바로 '3A 법칙'입니다.

첫 번째 A : Attract(유혹하라)

두 번째 A : Attach(붙여 두라)

세 번째 A : Affect(영향을 끼쳐라)

Attract(유혹하라)

◆   오늘 페이스북이나 포털사이트에서 본 수많은 글 중에서 몇 개나 기억에 남나요?

세상은 말과 글로 가득 차 있습니다. 말은 정보이고 수많은 정보의 홍수 속에 사람들은 지쳐 있죠. 그래서 정말 중요한 정보가 아니라면 들으려 하지 않습니다. 정말 중요한 사람의 말이 아니면 듣지 않습니다.

말하기도 마찬가지입니다. 말하기의 첫 번째는 '유혹하기'입니다. 내 말을 듣게 하는 것이 우선입니다. 강태공이 된 마음으로 상대방을 유혹해야 합니다.

수업 중에 최용성이라는 학생이 발표를 시작할 때였어요.

"여러분은 별명이 있으신가요?"

발표 시작과 함께 갑자기 질문을 했더니 다른 학생들도 마취총을 맞은 듯 집중하더라고요. 질문이 방아쇠가 되어 생각이란 총알의 속도와 방향을 만들어 냅니다. 상대를 끌어들이는 데 가장 효과적인 방법 중 하나가 질문하기입니다.

상대를 유혹하고, 끌어들이기 위해서는 질문해야 합니다. 흔히들 사람들은 남의 이야기에 관심이 없다고 하지요. 그런데 질문은 그 상황을 역전시키는 마법입니다. 질문을 하는 순간 발표자가 말하려는 주제는 남의 이야기가 아닌 내 이야기가 되어 버립니다.

만약 제가 '시간을 소중히 여기자'라는 주제로 말을 해야 한다면 저는 이런 질문을 준비할 거예요.

"여러분, 인생에서 가장 돌아가고 싶은 순간이 있으신가요?"

순간 사람들은 '시간'이라는 주제로 들어오게 될 것입니다.

Attach(붙여 두라)

♦   유혹했으면 떠나지 못하게 해야 합니다. 재미있는 기사를 읽기 시작했다가 다른 기사로 이동하는 경우가 얼마나 많습니까! 듣기 시작한 사람들을 붙여 두려면 어떻게 해야 할까요? 바로 스토리가 시작되어야 합니다. 사람들은 스토리를 좋아합니다.

"그 남자랑 어떻게 됐어?"

이때 우리는 결과를 묻는 것이 아니라 과정을 묻는 것입니다. 그리고 그 과정이 바로 스토리입니다. 육하원칙에 따라 사람이 움직이고 사건이 생기는 과정이 궁금한 것입니다.

최용성 학생도 스토리로 말하기를 이어갔습니다.

"저는 어렸을 적부터 지각을 너무 많이 하는 학생이었어요. 학교 다닐 때는 지각 때문에 교무실에 자주 불려갔어요. 그러던 어느 날 제가 이 지각을 고치게 된 사건이 있었습니다."

사람들은 그 사건에 대해 듣고 싶어 합니다. 이것이 스토리의 힘입니다. 면접을 보러 가는 사람들이 명심해야 할 것이 있습니다. "저는 성실합니다"라고 말하는 대신에 '성실한 사람이 맞구나'라고 판단할 수 있는 스토리를 들려줘야 합니다.

저는 이 과정을 '스피드 퀴즈'에 비유합니다. 상대가 맞추게 하는 것입니다. 내 이야기를 다 들은 상대가 "아, 정말 성실한 사람이구나!"라고 말하게 하는 것이 바로 스토리텔링입니다.

Affect(영향을 끼쳐라)

♦ 실제로 영향을 끼쳐야 합니다. 영향을 끼치는 건 뭘까요? 상대방이 이야기를 듣기 전과 후가 달라지는 것을 말합니다. 예를 들어 칭찬의 힘에 대해 말했는데, 그 말을 듣고 누군가 자신의 아이에게 한 번이라도 더 칭찬하게 된다면 그의 말하기는 성공한 것입니다.

하지만 이런 변화를 주기는 쉽지 않습니다. 누군가의 스토리를 듣고 감정이 움직일 수는 있어도 결정적으로 확신을 주기는 힘듭니다. 망설이는 상대에게 확신을 주는 마지막 한 방이 있어야 합니다.

그때 필요한 것이 신뢰입니다. 연구 결과나 명언, 이야기의 출처를 정확하게 밝히는 것이 사람들에게 믿음을 줄 수 있습니다.

용성이의 마지막 한 방을 보실까요?

"대한민국 국립발레단 단장인 발레리나 강수진은 선생님으로부터 '동작 하나하나가 한 편의 시와 같은데!'라는 칭찬을 듣고, 동양인 최초로 독일 슈투트가르트 발레단에 입단해서 수석 발레리나로 활동할 수 있었습니다. 자동차 왕이라 불리는 헨리 포드는 젊은 시절 동네 사람들로부터 쓸데없는 일이나 한다고 조롱당했지만 사랑하는 아내에게 '당신의 꿈은 꼭 이루어질 거예요'라는 격려의 말을 듣고 세계적인 자동차 회사 포드를 만들어 자동차의 대중화를 이끌 수 있었습니다. 세계적인 발레리나를 만들고, 자동차 왕을 만든 것은 누군가의 따뜻한 한마디 말이었을 수도 있습니다."

용성이의 스피치에 학생들은 숨을 죽였습니다.

상대방을 유혹하는 방법은 이렇듯 다양합니다. 이 책의 Part 3과 Part 4에는 유혹하고 붙여 두고 영향을 끼치는 여러 가지 방법과 실제 사례들이 많이 있습니다. 이 방법들을 잘 활용한다면 말하는 즐거움을 느끼게 될 것입니다. 말하기가 성공한다는 것은 누군가에게 좋은 영향을 끼쳤다는 거겠죠? 그리고 누군가에게 좋은 영향을 끼치려고 노력하다 보면 실제로 좋은 사람이 된다고 합니다.

자, 좋은 말하기를 준비하며
좋은 사람이 되어 봅시다.

1분 말하기부터
시작하라

춤추기와 말하기

♦ 　　　　　　　"자, 춤을 추세요!"

누구나 춤은 출 수 있습니다. 몸을 흔들기만 해도 춤은 춤이니까요. 바람이 불면 나무도 춤을 춥니다. 춤 자체를 못 추는 사람은 없어요. 그런데 이렇게 말하면 어떨까요?

"1분 동안 춤을 추세요."

일단 춤을 못 추겠다고 손사래를 치는 사람이 나올 거예요. 용기를 내어 1분 동안 춤을 춘다고 해도 사람들이 내 춤에 계속 집중할지는 의문입니다. 10초 정도는 쳐다볼 수 있겠지만 내 춤에 특별함이 없다면 시선은 금방 다른 곳으로 향할 거예요.

말하기도 마찬가지입니다. 말을 내뱉지 못하는 사람은 없죠? 어눌하더라도 말은 합니다. 하지만 "1분 동안 말해 보세요"라고 말하면 눈을 피할 겁니다. 용기를 내어 입을 연들 사람들의 시선을 1분 동안 붙잡기는 어렵습니다. 횡설수설하면 다른 곳으로 시선이 향할 것이고, 시선을 옮길 수 없다면 마음이라도 이동합니다. 쉽게 말해 안 듣는 거죠.

'1분 춤추기'가 쉽지 않은 것처럼 '1분 말하기'도 쉽지 않습니다. '1분 말하기'를 하려면 작전이 필요합니다. 단답형으로 말하던 사람이 논리적으로 1분 동안 말하기를 잘할 수 있는 방법을 소개합니다.

1분 말하기의 국가대표, 자기소개

◆   모임에서 자기를 소개해 보라고 하면 다양한 대답이 나옵니다.

"이민호입니다."

"스피치 코치 이민호입니다."

"남가좌동에 사는 이민호입니다."

물론 이렇게 대답한다고 해서 문제 될 것은 없습니다. 하지만 때에 따라 좀더 자세하게 말해야 하니 자기소개가 힘든 겁니다.

면접의 경우 보통 '1분 동안 자기소개를 해보세요'라는 식으로 제한시간을 주는데, 이 길지도 않고 짧지도 않은 1분이란 시간을 통해 나를 보여주고 상대와의 연결고리를 찾아야 합니다. 면접뿐만 아니라 각종 모임에 갔을 때도 너무 늘어지지 않는 진행을 위해 30초~1분 정도의 시간을 주는 것이 일반적입니다. 그런데 춤을 못 추는 사람에게 1분 동안 춤추라는 것이 공포가 되듯, 말하기를 못하는 사람에게 1분은 두려운 시간임에는 틀림없습니다.

이처럼 많은 사람들은 '자기소개'에 어려움을 느낍니다. 남을 소개하라는 것도 아닌데 말이죠. 뭐든 꾸준히 10년을 하면 실력이 늘어나야 하는데 '자기소개'는 20년을 넘게 해도 늘지 않는 기분이라고 말하는 사람도 있습니다.

그런데 자기소개를 쉽고 편하게 하는 분을 만난 적이 있습니다. 메시가 그라운드에서 공을 치고 나가듯 툭툭 말을 던지는데 한마디로 예술이었어요.

한 모임에서 사람들끼리 돌아가면서 자기소개를 하고 있었어요. 보통 남의 이야기는 잘 안 듣게 되는데, 곧 돌아올 본인 차례를 준비하느라 정신이 없기 때문입니다. 저 역시 머리를 굴리던 찰나였지만 이분의 이야기는 쏙쏙 들려서 몇 년이 지난 지금까지 생생하게 기억에 남았어요. 주부로 보이는 여성이었는데, 여유로운 표정으로 사뿐사뿐 걸어 나가 다음과 같이 자신을 소개했어요. 다시 봐도 기가 막힌 자기소개입니다.

"(활짝 웃으며) 반갑습니다. 여러분~ 제 인생은 크게 세 부분으로 나눌 수 있어요. 첫 번째 인생은 모터보트였어요. 20대였죠. 저는 빠르고 가벼웠어요. 52kg 정도? 하하. 저는 원하는 곳에 어디든 빠르게 갔어요.

두 번째 인생은 화물선이었어요. 결혼했거든요. 남편과 두 아이를 키우면서 느려졌어요. 가고 싶은 곳보다는 가야 할 곳을 가게 됐어요. 속도도 낼 수 없었죠.

지난달이죠. 3월 4일, 막내가 대학에 들어갔어요. 아들 입학식 때 결심했어요. 이제 세 번째 인생을 살아야겠다고! 이제 요트처럼 살고 싶어요. 24세처럼 속도는 안 나지만, 42세 때랑은 다르게 옮겨야 할 짐도 별로 없죠. 이제 바람 따라 물 따라 살아보려고요. 오늘 여기도 그런 마음으로 와봤어요. 요트 타듯이요. 여러분과의 여행이 기대됩니다. 안녕하세요? 저는 57세 주부 〇〇〇입니다."

그날 가장 큰 박수를 받은 자기소개였습니다. 그 뒤로도 이렇게 멋진 자기소개는 본 적이 없어요. 1분 말하기가 뭐냐고 물으면 저는 늘 이 자기소개를 들려줍니다.

"주부 ○○○입니다"라고 말할 수도 있겠지만, 이렇게 1분 동안 멋지게 말하기 위해서는 준비가 필요하다는 것을 누구나 알고 있습니다. 그녀가 이렇게 말할 수 있었던 이유는 간단합니다. 조금 더 길고 논리적이고 재미있게 말하는 방법을 배운 것입니다. 책을 보고 배웠든, 계룡산에 들어가 스승을 모셨든, 회사생활을 하면서 배웠든… 어떻게든 말하기를 익힌 것입니다. 처음부터 이렇게 멋지게 말하지는 않았을 것입니다. 이 자기소개에는 몇 가지 스킬이 포함되어 있습니다.

1) 숫자를 통해 계획적으로 말하라.
2) 비유를 통해 깊이 있게 말하라.
3) 구체적으로 진정성 있게 말하라.

이 부분에 대해서는 Part 4에서 자세히 다루고 있습니다. 여러분도 1분 말하기의 핵심인 자기소개를 완성해 보시죠!

당신의 인생을 세 가지로
나눠 볼까요?
멋진 자기소개가 됩니다!

암기하지 말고
연기하라

훌륭한 연설가는 연기자다

방송 일을 처음 시작할 때였죠. 시카고에서 인터뷰를 했습니다. 10년이 지난
후에 그 기자와 다시 인터뷰를 했어요. 그녀가 말했습니다. "세상에, 오프라
윈프리! 당신 하나도 안 변했네요. 더 오프라 윈프리 다워졌어요." 점점 나다
워지는 것, 이게 우리가 원하는 거 아닐까요?

- 스탠퍼드대학 졸업식 축사, 오프라 윈프리, 2008년

세계 최고의 방송인 중 한 명인 오프라 윈프리의 말입니다. 그런데 이 연설에서 연기가 빠졌다면 어땠을까요? 심심했을 거예요.

"10년 만에 처음 인터뷰했던 기자와 다시 인터뷰했습니다. 저에게 하나도 변하지 않고, 더욱 나다워졌다고 말해줬습니다."

이렇게 외운 내용을 읽듯이 말하면 싱싱한 느낌이 사라집니다. 살아서 팔딱팔딱 뛰는 활어 같은 말하기를 위해선 연기도 필요합니다.

물론 모든 대사를 연기할 수는 없습니다. 혼자서 두 명의 연기를 하다 보면 이중인격자처럼 보일 수도 있으니 주요 대사만 연기를 해야 합니다. 그래야 지킬과 하이드가 싸우고 있는 장면처럼 보이지 않고 깔끔한 메시지를 전달할 수 있어요.

〈말하는대로〉에 방송했던 내용을 살펴보죠.

새벽 3시에 집에 들어오는데 아버지께서 말씀하셨어요. "김은영! 여기 앉아봐라." 저는 너무 놀랐죠. 아버지는 아무 말 없이 저를 보셨어요. 어쩔 줄 몰라하고 있었는데 아버지가 돈 10만 원을 주시더니 "어디 가서 얻어묵고 다니지 말고, 어깨 펴고 다녀."라고 말씀하시더라고요. 새벽 3시에 들어온 저에게… 저를 향한 아버지의 신뢰를 느낄 수 있었어요.

- JTBC 〈말하는대로〉 치타 편

무뚝뚝한 경상도 남자의 목소리로 아버지와의 일화를 말하는 치타를 보며 아버지의 따뜻한 신뢰가 전달되었어요. 그런데 다음 과 같이 연기가 아니라 암기였으면 어땠을까요?

"새벽 3시에 집에 들어오는데 아버지가 안 주무시고 계시더라고 요. 아버지는 제게 10만 원을 주시며 응원해 주셨습니다."

저 역시 연기의 힘을 알기에 강연에서 적극 활용하고 있습니다.
다음은 〈세상을 바꾸는 시간, 15분〉에서 연기를 활용했던 부분 입니다.

제가 노량진역에서 전철을 기다리고 있었는데 어머니께 전화가 왔습니다. 어머니는 "민호야, 나이가 들어서 돈이 없으니까 왜 이렇게 서럽노…."라며 전화기 너머로 흐느끼셨습니다. 저는 무슨 말씀을 드려야 할지 몰랐어요. 기 다리던 급행열차가 지나갔습니다. 조금 있다 어머니께 말씀드렸어요. "엄마! 괜찮아요. 엄마는 돈 없는 거 아니에요. 엄마 건물 세 채 가지고 계시잖아요. 큰누나, 작은누나, 나! 아직 건물 완공이 안 됐지만, 완공되면 엄마는 건물주 예요!

- 〈세상을 바꾸는 시간, 15분〉 이민호 편

따옴표의 마법

♦   컬투(정찬우, 김태균)가 진행하는 〈두시탈출 컬투쇼〉
는 2006년에 시작해 10년 넘게 청취율 1위를 지키고 있는 라디오 프
로그램입니다. 이들은 시청자들의 재미난 사연을 받아서 읽어주고
있습니다. 그런데 똑같은 사연을 다른 DJ가 읽었다면 10년간 청취율
1위를 지킬 수 있었을까요?

정찬우와 김태균은 특유의 연기력으로 시청자들의 사연에 재미
를 극대화시켰습니다. 할아버지 목소리, 엄마 목소리, 철없는 삼촌
목소리 등 세대별 목소리를 잘 연기한 결과이지요. 〈두시탈출 컬
투쇼〉를 한 번이라도 들었다면 그들의 재미있는 연기를 기억할 거
예요.

말하기와 글쓰기가 다른 지점이 바로 이것입니다. 말하기에는
연기력을 가미할 수 있습니다. 천자문, 구구단, 알파벳에 음을 붙
이면 아이들은 훨씬 쉽게 잘 배웁니다. 말하기에도 연기가 가미되
면 훨씬 재미있어집니다.

다음은 스티브 잡스의 연설입니다.

제 생모는 어린 대학원생 미혼모였습니다. 저를 입양 보내기로 결정했죠.
(중략) 저를 입양하기로 했던 변호사 부부가 마지막에 마음을 바꿨습니다.
대기명단에 있던 부모님(입양한 부모님)은 한밤중에 전화를 받습니다. "갑자

기 입양해야 하는 남자아이가 한 명 있어요. 괜찮으세요?" 저희 부모님은 대답했죠. "당연하죠." 이것이 제 삶의 시작이었습니다.

- 스탠퍼드대학 졸업식 축사, 스티브 잡스, 2005년

대사가 들어가면 극적으로 바뀌고, 이 극적인 요소가 말과 글에 생명력을 불어넣게 되죠. 그럼, 이처럼 말하기를 연기로 전달하는 이유는 무엇일까요?

생생하게 전달해야 듣는 사람도 그 상황에 공감하기 때문입니다. 그리고 우리는 이를 본능적으로 알고 있죠.

다음은 〈말하는대로〉에 출연한 장유정 감독님의 말하기인데, 암기가 아닌 연기로 상황을 보여줬기에 극적인 효과가 더해졌습니다.

뮤지컬 감독의 꿈을 이루겠다고 오랫동안 글을 썼어요. 신춘문예에도 몇 년간 떨어지고 지쳐갈 때쯤 가슴 아픈 일이 생겼습니다.

제게는 동생이 있는데요. 참 밝은 동생이에요. 서울에 놀러와서 기차가 한강을 지나갈 때면 "한강아~ 안녕~~ 남산아 안녕~~~" 이러는 친구예요. 학교에서 존경하는 사람의 이름을 쓰라고 하면 제 이름을 적었던 동생입니다. 그렇게 나를 좋아하고 성격이 밝은 동생이 어느 날 저에게 이렇게 이야기하는 거예요. "언니, 언제까지 우리가 언니의 꿈을 지지해 줘야 해? 언제쯤 철이 들어서 경제활동을 시작할 거야? 엄마 아빠가 불쌍하지도 않아? 정신 좀 차려. 이제 곧

이 대본에서도 연기가 없었다면 듣는 재미가 반감되었을 겁니다. 생생한 동생의 대사 덕분에, 듣는 사람도 장유정 감독님의 심경을 더 잘 이해할 수 있었을 거예요.

자, 이제 정리해 보겠습니다.

주요 대사는 따옴표를 통해 전달하면 됩니다. 성경, 불경, 논어 등 수많은 이야기 역시 따옴표로 극적인 장면을 보여줍니다.

예수님이 말씀하셨습니다. "베드로야, …"

부처님이 말씀하셨습니다. "아난다야, …"

공자는 제자인 자로에게 말했습니다. "자로야, …"

그래야 현장감이 살아난다는 것이 2000년 넘게 증명되고 있는 셈입니다. 2000년이 넘은 스토리텔링의 지혜를 오늘부터 활용할 것인가? 말 것인가? 선택은 당신의 몫입니다.

따옴표 안에서 마법이 일어납니다. 처음엔 어색해도 연습하다 보면 좋아질 것입니다. 아이의 걸음마처럼, 컴퓨터 타자치기처럼, 자동차 운전처럼 점점 좋아질 것입니다.

상대를 높이며
시작하라

당신은 다르다

♦　　　　　　대부분의 사람들은 자신의 말하기 방식에 문제가
없다고 생각합니다.

"말하기? 다 할 줄 알잖아. 책을 왜 사?"라고 말할 수도 있습니
다. 물론 이 책을 읽는 당신에게도 큰 문제는 없을 겁니다.

어제 봤던 영화가 어땠는지 가족에게 말해 줄 수 있고, 친구와 2
박 3일 제주도 여행계획을 짤 수도 있고, 학교나 회사에서 과제와
업무 관련 발표를 할 수 있습니다. 아무 문제 없죠! '문제 없는' 당

신이 이 책을 읽는 이유는 무엇일까요?

이 책을 읽는 당신은 '최상주의자'이기 때문입니다. 스티브 잡스가 '최상주의자'의 좋은 예입니다. 최상주의자들은 현상을 유지하는 것에 머무르지 않고, 끊임없이 더 좋은 결과를 원한다고 합니다. 가족과의 대화 속에 더 큰 웃음이 오가길 원하고, 여행계획을 짜는 동안 더 효율적인 소통을 원하며, 위트 있게 논리적으로 발표를 하고 싶은 겁니다.

'완주'는 당신의 목표가 아닙니다. '아름다운 완주' 같은 것이 당신에게 어울리죠. 그런 사람이 아니었으면 이 책과 당신은 만나지 못했을 거니까요.

더 좋은 소통을 위한 말하기 스킬은 바로 '상대를 높이며 시작하라'입니다. 방금 전 저도 그 방법을 활용한 것입니다. 이 책을 읽고 있는 당신에 대한 존중을 표현한 것이죠.

똑똑한 말을 위해서는 '팩트 체크'가 필요하고, 따뜻한 말을 위해서는 '리스펙트 체크'가 필요합니다.

나를 인정해주는 좋은 사람의 말

◆   스티브 잡스는 2005년 스탠퍼드대학 졸업식 연설을 이렇게 시작합니다.

"영광입니다. 세계 최고 대학에서 졸업하는 여러분을 축하하게 되다니! 저는 대학 중퇴자라서 졸업식장에 와본 게 처음입니다."

학생들은 미소를 띠며 순식간에 잡스의 스피치에 몰입했습니다. 잡스가 얼마나 뛰어난 사람인가요? 그런 그가 '세계 최고 대학의 졸업생'이라며 상대를 칭찬하는 순간 청중들은 환호하며 마음을 열었죠.

까칠한 초등학교 선생님이 있었습니다. 선생님은 아이들을 너무 사무적으로 대했습니다. 보다 못한 교장선생님이 아이들을 좀 더 사랑으로 대해 달라고 부탁했더니 그 선생님은 이렇게 말했습니다.

"저는 아이들을 가르치려고 선생님이 된 겁니다. 아이들 좋아해 주려고 선생님이 된 게 아니에요."

그 이야기를 들은 교장선생님은 웃으며 말했습니다.

"아이들은 자신을 좋아해 주지 않는 사람에게 배우려 하지 않습니다."

저도 그랬습니다. 중학교 1학년 때 국어 선생님이 좋아 국어가 좋아졌고, 고등학교 때 지구과학 선생님이 싫어 그 과목을 싫어했죠. 사람들은 '좋은 말'을 듣지 않고, '좋은 사람의 말'을 듣습니다.

A : "여러분, 요즘 20대들은 노력을 안 하는 거 같습니다. 경제적·정치적으로 어려운데 정신 똑바로 차리지 않으면 살아남기 힘듭니다."

B : "여러분, 지금은 참 20대가 살기 힘든 시대입니다. 세계가 경제적·정치적으로 힘든 시기입니다. 이 힘든 시기에도 용기를 잃지 않고 살아가는 여러분은 참 대단한 청년들입니다."

어떤가요? 20대를 대상으로 하는 말을 시작한다면 어떤 도입부를 들었을 때 청중들이 강연에 집중하게 될지 생각해 봅시다. 어떤 사람이 좋은 사람일까요? 나를 높여주는 사람, 즉 나를 존중해 주는 사람입니다.

인문학에 대해 이야기를 나누기 위해 여기까지 이 늦은 시간에 와주셔서 감사합니다. 깜짝 놀랐습니다. 여러분은 인문학 하면 어떤 생각이 드시는지 모르겠어요. 저는 대학을 바로 들어가지 못했습니다. 재수를 했었는데요. (중략) 제가 철학을 전공한 이유는….

- EBS〈인문학특강〉최진석 교수

늦은 시각 강연장을 찾은 청중을 칭찬해 주며 시작되는 강의였어요. 청중을 존중하면서 시작하는 말하기인 거죠.

다음은 제가 소통을 위한 기초영어 수업을 시작할 때 하는 말입니다.

저는 여러분들이 진정성 있는 분들이라고 생각합니다. 거리에 나가면 수많은 영어학원이 있어요. 단기간에 높은 영어점수를 얻도록 도와주는 곳도 많잖아요. 취업을 위해 준비해야 할 일들이 여러 가지일 텐데, 점수보다도 진정한 소통의 힘을 믿는 분들이기에 이곳을 선택하셨다고 생각해요. 와주셔서 정말 감사합니다.

이렇게 진심을 전달하며 강의를 시작하면 학생들은 눈을 마주치고 고개를 끄덕여 줍니다. 학생도, 선생님도 정말 행복해지는 순간입니다. 서로를 알아본 거죠.

이스라엘에서 온 기억력 천재 '에란카츠'의 강연을 보러 갔습니다. 제 바로 앞자리에 앉으셨던 노인이 질문을 했어요. 하얀 머리의 그 노인이 물었습니다.

"저처럼 나이 많은 사람도 기억력을 향상시킬 수 있을까요? 저는 외우는 데는 재능이 없습니다. 사람 이름이나 전화번호 같은 걸 잘 잊어버립니다."

에란카츠는 대답했습니다.

"이런 자리에 오신다는 것 자체가 가장 큰 재능입니다. 나이가 든다고 기억력이 사라지지 않습니다. 오늘 배우는 방법들을 활용 하신다면 앞으로 더 잘하실 수 있습니다."

그 말을 들은 질문자는 남은 강연을 누구보다도 열심히 들었습 니다.

브라이언 트레이시, 8억 강연료의 비밀

"오늘 제가 어떻게 소득을 두 배로 만들 수 있는지 알려드리겠습니다. 한 번 시도해 보시겠습니까?"

저도 몰래 "네~"라고 대답했던 그 날이 기억납니다. 미래를 걱 정하던 대학생이었던 저는 한 번 강연료가 '8억'이라는 말에 호기

오늘 제가 어떻게 소득을 두 배로
만들 수 있는지 알려드리겠습니다

심이 발동해 브라이언 트레이시의 영상을 보게 되었습니다.

인상 좋은 한 할아버지가 등장해 강의를 시작했습니다. 그리고 그 강의는 경제적으로도, 정서적으로도 제 삶에 큰 도움이 되었습니다. 그 강의의 주된 내용은 이런 것들이었어요.

1) 불평하지 않고 긍정적으로 생각하기

2) 명확한 미래를 꿈꾸기

3) 성공한 사람을 찾아가서 방법을 묻기

4) 그 방법을 실천하기

5) 실패에서 배워가며 포기하지 않기

10년이 지난 지금도 저는 지치고 힘들 때마다 이 영상을 다시 보고 있습니다. 좋아하는 음악을 다시 듣듯이 계속 보고 있죠. 그런데 '성공학'이라는 분야는 어떤 책이나 강연이든 대부분 비슷한데, 왜 저는 브라이언 트레이시의 강연을 다시 보고 다시 듣고 있을까요?

그 이유는 강의 내용이 특별해서가 아니라 강연 스킬의 특별함 때문입니다. 그는 가르치지 않고 청중을 이끌고 있었습니다. 보통의 성공학 강연은 가르치듯 말하죠.

"성공하기 위해선, ○○○○해야 합니다."

하지만 브라이언 트레이시는 달랐습니다.

"이 강연을 듣고 있는 사람은 상위 10%의 사람입니다. 제가 어떻게 아냐고요? 저는 20년 넘게 이런 강의를 했습니다. 늘 배우려는 자세를 가진 상위 10%의 사람들이 시간과 에너지를 들여서 이런 강연을 찾아 듣습니다. 그래서 여러분은 결심만 한다면 뭐든 이룰 수 있습니다."

그는 강연 내내 듣는 사람을 존중하는 태도를 끊임없이 보여주고 있었습니다. 청중을 가르칠 대상으로 보는 것이 아니라 아이돌 스타를 대하는 듯한 태도로 말했고, 그 에너지가 전달되어 듣는 내내 기분이 좋았습니다. 기분이 좋을 땐 마음이 열리고, 마음이 열려야 귀가 열립니다. 그는 마음을 열게 만들 줄 아는 사람이었던 것입니다.

최근에도 강연을 위해 내한한 그를 찾아가 직접 강연을 들었는데, 10년 전 처음 들었던 내용에서 크게 달라진 것은 없었습니다. 긍정적 태도로, 방법을 찾아내서, 끝까지 포기하지 않는 것은 어디에나 통용되는 성공의 법칙이니까 당연할 것입니다. 하지만 내용은 바뀌지 않았지만 그가 청중을 생각하고 따뜻하게 쳐다보는 따뜻한 눈빛은 더욱 강해졌음을 느낄 수 있었습니다. 수술을 앞두고 마취를 하는 것처럼, 따끔한 인생 조언 앞에서 따뜻한 눈빛을 보내는 브라이언 트레이시는 변함없이 제게는 인생 최고의 강연자였습니다.

존중과 아부는 다르다

◆　　　　　존중과 아부의 사전적 정의를 볼까요? 존중은 '높이어 귀중하게 대함', 아부는 '남의 비위를 맞추어 알랑거림'입니다. 앞에서 소개한 스티브 잡스의 연설은 '아부'였나요? '존중'이었나요? 그 둘을 구분하는 방법은 무엇일까요?

말하는 사람의 마음가짐입니다. 상대를 속여서 내 이득을 취하려고 한다면 아부가 될 것이고, 상대를 귀하게 여기는 마음이라면 존중이 될 것입니다. 상대를 존중하는 마음으로 높여주는 방법을 고민해야 합니다.

"'아침마다 밥을 차려주는 엄마가 있어 행복하다"라고 말하며 엄마와 대화를 시작해 보면 어떨까요? 이건 아부입니까, 존중입니까?

"너와 떠나는 제주 여행이 너무 기대된다"라고 말하면서 대화를 시작해 보면 어떨까요?

"눈을 반짝이며 쳐다봐 주셔서 감사합니다"라며 발표를 시작해 봅시다.

마주한 사람의 눈이 반짝거리고, 귀가 쫑긋해질 것입니다. 당신의 말을 끝까지 들을 것입니다. 당신의 글을 끝까지 읽을 것입니다. 이를 적용하면 더 좋은 말하기가 될 것입니다.

머릿속에 그려지나요? 당연히 그럴 것입니다. 당신은 최상주의자니까요! 더 좋은 말하기를 위해 상대를 높여주고 시작해 봅시다.

상대의 얼굴에 미소가 그려진 순간,
마음이 열립니다.
마음이 열려야 귀가 열립니다!

성장이 멈춰버린
당신에게…

비욘세는 자유롭다. 공연하는 모습을 보면 무당이 칼을 타는 듯하다. 눈을 뗄
수 없는 완벽한 몰입감이다.

'비욘세 병원 라이브'라는 영상을 본 적이 있다. 조명도, 음향장비도 없는 병
원의 한쪽에서 통기타 반주에 맞춰 노래를 불렀다. 아파서 병원에 온 사람들
의 표정이 어찌나 밝은지 복도의 조명을 다 꺼도 될 정도였다. 환자들의 표정
은 예수님을 만난 듯 평온했다.

부러웠다. 그녀를 보고 있자니 떠오른 한 단어는 'freedom(자유)'이었다. 그
녀는 자유롭고 행복해 보였다. 하늘을 나는 한 마리 새와 같았다.

비욘세, 그녀는 어떻게 그런 '자유'의 경지까지 올랐을까?

그에 비해 나는 왜 계속 노력해도 나아지지 않을까? TED 강연에서 그녀의
비밀을 알게 되었다.

비욘세는 '최선'을 다해 콘서트를 한다. '최선'을 다하고 나면 집으로 돌아간
다. 보통사람처럼 퇴근하는 것이다. 여기까지는 나와 동일하지만, 지금부터가
비욘세가 탄생하는 지점이다.

비욘세는 그날의 영상을 다시 본다. 그러면서 '더 나아질 기회(opportunities for improvement)'를 찾는다. 여기서 우리 삶에 적용할 수 있는 부분은 무엇일까? 비욘세와 같은 한 분야의 '달인'들은 보통 두 가지 영역을 이용한다. '러닝 존 (Learning Zone)'과 퍼포먼스 존(Performance Zone)'이다. 콘서트를 하는 동안 비욘세는 '퍼포먼스 존'에 있다. 그리고 집에 돌아온다. 물리적으로 돌아온 곳은 집이지만, 정신적으로 돌아온 곳은 '러닝 존'이다. 이것이 포인트다. 학교에 있다고 러닝 존이 아니고, 회사에 있다고 퍼포먼스 존이 아니다. 물리적인 상태가 아닌 정신적인 상태다.

'더 나은 상태'를 만들고자 하는 의지의 공간이 러닝 존이다. 버스나 지하철, 화장실에서도 더 나아질 점을 떠올린다면 그곳이 러닝 존이다. 반대로, 배울 생각은 안 하고 남보다 잘할 생각만 한다면 학교에 있다 할지라도 퍼포먼스 존에 있는 것이다. '잘하려는' 공간은 퍼포먼스 존, '자라는' 공간은 러닝 존이다. 바둑에서 말하는 '복기'의 순간이다. '다시 둔다면 어떻게 둘 것인가?'에 대한 대안이 없다면 똑같은 일이 반복될 뿐이다. 니체가 말한 '영원회귀'이다. 시간이 좌측에서 우측으로 흘러가는 것 같지만 아침 7시가 매일같이 시작되고 매년 똑같이 봄이 온다. 내가 달라지지 않으면 직장을 바꿔도, 새로운 사람을 만나도, 다시 태어난다 해도 똑같은 상황에 괴로워질 뿐이다.

수영을 못하면 물 밖에서 자유롭지만, 수영을 잘하면 물속에서도 자유로워진다. 반쪽짜리 자유가 아닌, 온전한 자유의 공간으로 가자. 자유는 다가가는 것이다. 다가가서 넘어지고 다시 일어나는 것이다. 말하기에서 자유롭고 싶은 사람들에게 이 책이 그 날개가 되었으면 한다.

"편하고 자유롭게 말하는 즐거움, 그곳으로 날아가자."

★

자는 사람은 깨워도, 자는 척하는 사람은 깨울 수 없다고 합니다. 듣고 싶게 만드는 매력적인 말하기는 어떤 걸까요? 눈을 감고 있는 사람에게 그림을 보여주면 의미가 없듯이, 듣지 않으려는 사람에게는 말을 해도 소용이 없습니다. 호기심, 관심, 경계심을 일으키면 상대방은 스스로 집중합니다. Part 3에서는 상대를 집중시키는 방법에 대해 이야기해 봅니다.

길가에서 전단지를 나눠주면 사람들은 보통 몸을 피하지만, 나에게 꼭 필요한 물건이면 받아갑니다. 배고플 때 초콜릿을 나눠준다면? 더운 날 부채를 나눠준다면? 추운 날 핫팩을 나눠준다면?

그것이 꼭 필요한 사람들은 줄을 서서라도 받아갈 것입니다. 누군가 내 말을 잘 듣지 않아서 고민이라면 Part 3을 읽어보세요.

마음속
알람이
울리다

Part 3

호기심을
일으켜라

상대가 눈을 감고 있을 때 표정을 보여주면 의미가 없고, 귀에 이어폰을 끼고 있을 때 말을 하면 안 들리잖아요. 아무 소용 없습니다. 마찬가지입니다. 상대의 마음이 잠들어 있다면 흔들어 깨워 일으키고 시작해야 합니다.

페이스북이나 각종 SNS에 수많은 글들이 있지만 다 읽지는 않죠? 그냥 막 지나가죠. 아무리 정성스럽고 길게 썼어도 초반에 '일으키지' 못하면 사람들은 손가락으로 쓱 그냥 넘겨 버립니다. 존재하지만 존재하지 않는 글이 되어 버리는 거죠. 서점에서도 수많은 책들이 우리를 기다리고 있지만, 우리의 시선을 잡는 책들은 아주 일부일 뿐이죠. 그래서 시작이 얼마나 중요한지에 대해 역설하는 강연이나 글이 많습니다.

처음에 승부를 걸어라

◆　　　　　　　　닭을 잡으러 뛰어다녀 본 적이 있습니다. 당연히 잘 안 잡히죠. 그런데 잘 잡는 분들을 가만 보니 모이를 들고 있더라고요. 자기가 뛰어가는 게 아니라 닭이 오게 하는 것, 그게 기술입니다. 그럼, 어떻게 하면 모여들까요? 첫 부분에 승부수를 걸어야 합니다.

제가 강의를 하면서 마칠 즈음에 강의 후기를 써달라고 부탁을 드리는데요, 좋은 후기를 달아주시는 97%의 청중은 이렇게 말합니다.

"강의 정말 잘 들었습니다. 강사님의 열정이 느껴져서 좋았습니다."

어떤가요? 물론 칭찬이니 기분은 좋습니다. 하지만 평범한 것은 사라지기 쉽습니다. 결국 읽히지 않는 언어, 존재하지 않는 글이 되고 말아요. 뭔가 다르게 써야 할 텐데요. 자소서나 기획서도 마찬가지입니다. 다른 시작이 필요합니다.

제 강의를 듣고 한 여성분이 이렇게 썼습니다.

"오줌 쌀 뻔했어요. 강연의 몰입도가 높아서 화장실 가고 싶은 생각을 까먹었어요. 방광의 압박을 견딜 만큼 진심 좋았습니다."

자, 이렇게 되면 사실 끝까지 안 읽기가 힘들어요. 엇! 하는 순간 끝까지 읽게 되죠. 웬 여성분이 이렇게 말하는 순간, "오줌 쌀 뻔했다고? 뭐야!?" 하는 감정이 들어가는 겁니다. 이 "뭐야?" 하는 감정이 들면 끝까지 확인하고 싶은 기분이 절로 생기죠.

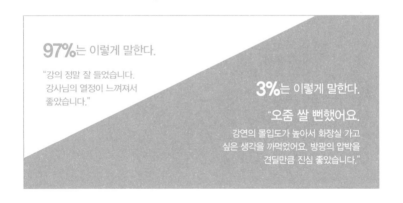

97%는 이렇게 말한다.
"강의 정말 잘 들었습니다.
강사님의 열정이 느껴져서
좋았습니다."

3%는 이렇게 말한다.
"오줌 쌀 뻔했어요.
강연의 몰입도가 높아서 화장실 가고
싶은 생각을 까먹었어요. 방광의 압박을
견딜만큼 진심 좋았습니다."

호기심이란 무엇인가?

♦　　　　　　　첫 번째는 호기심에 대한 이야기입니다.

'호'자는 무슨 뜻일까요? 좋아한다는 겁니다. '기'를 좋아한다는 건데 '기'자는 어떤 '기'자일까요? 기운 기? 일으킬 기? '호기심' 했을 때 잘 생각해 보세요. 우리가 뭘 좋아할 때 '호기심이 있다'라고 하는지? '특이할 기'자입니다. 좀 특이해야지 좋아한다는 겁니다.

호기심 (好奇心)
좋을 '호' 특이할 '기' 마음 '심'
새롭고 기이한 것에 끌리는 마음

제가 갑자기 박수를 "짝" 치면 쳐다보잖아요? 그냥 조금 전까지 가만히 있다가 소리가 나니까 '뭐지?' 하면서 쳐다보게 된다는 겁니다. 이게 뭐라고요? 호기심!

길거리를 지나가는데 갑자기 현빈 같이 잘생긴 남자가 걸어와요. 현빈 같이 생긴 사람이 있으면 쳐다보죠. 왜 쳐다봐요? 오징어 같은 평범한 남자들하고는 다르지 않습니까! 심지어 여성들도 정말 예쁘고 몸매 좋은 여자가 지나가면 '뭐지?' 하고 쳐다봅니다. 나랑은 다른 뭔가를 가진 특이함 때문일 겁니다.

하늘을 날아다니는 꿈 꿀 때가 있죠? 저도 일 년에 두어 번씩 꾸는데요. 그럼 너무 신나잖아요. 아~ 그럼 이런 기분을 영어로 뭐라고 표현할까요?

제가 'good' 하고 'great'밖에 모를 때 미국에 가서 "Good!!"이라고 했어요. 이건 "좋아!!" 정도예요. 그런데 저는 "쩔어!!"라는 표현을 하고 싶었단 말이에요. 그렇잖아요? "좋아"로는 표현이 안 되는 "쩔어!" "대박!" 이런 표현들이 필요한데 외국 애들이 도대체 그 상황에서 무슨 표현을 쓰는지 딱 지켜봤어요.

농구를 하다가 슛이 들어갔을 때 John이 뭐라고 했을까요?

고백을 했는데 상대가 받아줬을 때 Tom이 하는 말을 들어봤어요.

원하는 게임CD가 출시된 날 Brandon이 뭐라고 하는지 들어봤어요.

뭐라고 했을까요? 바로 "Awesome!!"이었어요.

제가 영어를 이렇게 가르치니까 사람들이 집중하더라고요. 왜 그럴까요? 제가 호기심이라는 걸 일으키면서 시작했기 때문이에요.

제가 예전에 아무것도 모르고 '영어로 돈 벌어야지!'라는 생각으로 강의를 시작했을 때는 이렇게 가르쳤어요.

"자, 오늘 '멋지다'라는 표현 한 번 배워 보도록 하겠습니다. '정말 멋지다' 'awesome' 세 번 해볼게요. awesome, awesome, awesome. 다음 단어 가겠습니다."

이렇게 가르치면 누가 그걸 듣고 싶겠습니까? 당연히 강의실은 듬성듬성하죠. 30% 정도? 독한 사람들만 남아요. 강의가 좋고 나쁘고와 상관없이 등록했기 때문에 끝까지 오는 그 사람들만 남고 나머지는 다 안 나와요.

그런데 강의에 호기심이 생기면 부동층이 움직입니다. 약 60%의 부동층이 있잖아요? 재미있으면 오고 재미없으면 안 오고…. 이 사람들을 잡는 게 중요하죠. 우리 같은 평범한 사람들, 조금만 더 흥미를 일으키고 조금만 더 동기부여를 해주면 힘든 데도 불구하고 듣게 되는 강의를 해야 했어요. 그러기 위해 호기심을 곳곳에 배치해야 했습니다.

호기심은 인간의 특성

♦   아리스토텔레스는 이것을 '인간을 인간이게 하는 특성'이라고 했어요. 즉 호기심이 없으면 인간이 아니라는 거죠.

'인간을 인간이게 하는 특성'
- 아리스토텔레스 -

명강사로 유명한 법륜 스님이 자주 드는 예가 있어요. 다람쥐입니다.

다람쥐는 눈앞에 바위가 있으면 돌아가고, 나무가 있으면 타고 올라갑니다. '왜 이 바위가 나의 길을 막는가? 삶은 이렇게 장애물의 연속인 건가?' 이런 식으로 생각하지 않습니다. 그냥 '바위가 있네?' 하고 돌아가는 게 동물입니다. 그런데 사람은 '왜? 왜? 왜? 왜?' 자꾸 질문합니다.

'저 사람은 왜 나한테 못되게 굴지?'

'저 사람은 왜 저렇게 활기차 보이지?'

'내 삶은 왜 이렇게 힘들지?'

'이렇게 행복한데 곧 불행이 찾아오는 거 아닐까?'

다람쥐와 달리 사람은 생각이 많습니다. 호기심도 많고 염려도 많습니다. 이런 것이 인간의 특성이라고 아리스토텔레스가 이야기를 한 거죠.

이 책 역시 표지나 제목을 보고 호기심이 생겨 선택했을 겁니다.

'이민호가 누구지?'

'〈말하는대로〉의 스피치 코치라고?'

호기심이 없다면 이 책을 선택할 이유가 없었을 겁니다.

♦   누군가 내 얘기를 듣게 만들려면 처음이 중요합니다. 호기심을 자극하면서 시작해야 다르게 시작할 수 있습니다. 특이하게 시작해야 하죠. 호기심을 자극하려면 달라야 합니다.

생선을 팔 때도, 향수를 팔 때도, 강의를 할 때도 남들과는 달라야 합니다. 시선을 잡기 위해 다양한 방법을 동원해야 합니다.

1) 질문하기

"여자들이 가장 받고 싶어 하는 선물이 뭘까요?"

"직장인들이 가장 싫어하는 말은 뭘까요?"

"남자는 언제 여성에게 매력을 느낄까요?"

무료한 일상에 '이건 뭐지?' 하면서 궁금증이 생깁니다. 아주 기본적인 것들을 물으며 시작하는 거예요.

"본인의 가치는 얼마라고 생각하십니까?"

연남동 길을 걸어가고 있는데 이런 질문을 받는다면 어떨 것 같아요? 방송인 이상민 씨가 〈말하는대로〉에 출연했을 때 이 부분을 코칭했어요. 이상민 씨는 알려진 것처럼 60억 이상의 빚을 갚아나가는 중입니다. 보통 사람이라면 파산 신청을 했을 법도 한데, 이상민 씨는 그러지 않았죠.

그의 강연내용도 그만큼 감동적이었습니다.

핸드폰이 부서진다면 보통 당황할 것입니다. 핸드폰을 만들어 본 사람이라면 괜찮을 겁니다. 다시 만들 수 있으니까요. 저는 비록 큰 빚을 졌지만, 그 이전에 크게 벌어 본 경험도 있습니다. 핸드폰을 만들어 본 경험이 있는 사람처럼요. 그래서 저는 다시 일어설 수 있다고 믿어요. 우리가 가진 돈이 우리의 가치가 아니고 우리의 경험, 꿈, 의지, 사랑하는 사람 모두가 우리의 가치입니다.

- JTBC 〈말하는대로〉 이상민 편

이 좋은 내용이 그대로 사람들에게 잘 전달되기를 바랐습니다. 이 '메시지'가 건물의 내부라면 '질문'은 건물의 입구가 될 수 있습니다. 그래서 사람들에게 질문을 던지며 시작하자고 코칭을 했습니다. 여러분이 길을 가다가 이런 질문을 들으면 어떨 것 같으세요?

'그러게 내 가치는 얼마일까? 연봉에다가 전세비도 포함해야 하나?'

이렇게 질문으로 호기심을 끌며 시작하면 상대를 쉽게 자극할 수 있습니다.

2) 경력 활용하기

경력이 뭘까요? 경력을 어떻게 활용하면 호기심이 생길까요?

"1억 상금 영어 강사 오디션에서 1등을 했습니다"라고 말하면 '저 사람은 어떻게 1등을 했지?' 하고 궁금해 할 수 있어요. 수많은 식당 중에서도 '수요미식회 방영'이라고 적혀 있는 식당에 저도 눈길이 더 가더라고요. 실력이나 경력을 알려줌으로써 듣는 사람에게 신뢰를 얻을 수 있는 겁니다.

"30년간 영어를 가르치고, EBS 〈잉글리시 카페〉의 진행자이신 문단열 선생님께서 영어공부 꿀팁을 알려드리겠습니다."

그런데 이런 화려한 경력만 경력이 아닙니다.

제 친구가 우울증에 걸려 2년 동안 집에 틀어박혀 미드만 봤어요. 그 친구가 이렇게 얘기하더라고요.

"민호야, 내가 2년 동안 집에서 미드만 봤거든. 정말 다 봤는데… 너 혹시 미드 볼 일 있으면 내가 추천하는 거 꼭 봐봐. 이건 진짜 재미있더라."

이런 것도 경력입니다. 2년 동안 한 가지 일만 했다는 것도 경력인 거죠.

면접에서 100번 떨어져 본 것도 경력입니다. 현실에선 초라한 사람 같지만 '면접에서 100번 떨어진 남자가 말하는 〈나처럼 하면 떨어진다〉' 이런 것도 호기심을 자극하는 경력이 되겠죠. 그래서 잘해야 경력이 아니고 자기가 어떤 걸 꾸준히 했다면 그것이 경력이 됩니다.

제가 아는 분이 이렇게 스피치를 시작한 적이 있어요.

"보건소에서 2년 동안 일하고 나서 알게 된 사실인데요…"

이렇게 이야기했을 때 우리는 그의 경력을 인정하면서 고개를 들어 딱 쳐다보게 되죠. 이렇게 뭔가 남과 다른 경력을 갖추고 있다면 그것들도 차별성 있는 출발점이 될 겁니다.

3) 사진이나 동영상 활용하기

스피치를 시작할 때 사진이나 동영상을 활용하면 좋아요. 강의를 10년 넘게 하면서 알게 된 사실입니다. 처음엔 개그를 많이 시도했어요. 개그를 던지며 시작할 때 개그가 안 먹힐 때도 있었어요. 그런데 그냥 동영상 한 번씩 탁 틀어줄 때마다 관중들이 긴장을 풀면서 듣더라고요. 훨씬 분위기가 좋아지는 걸 느꼈어요. 이걸 알고부터는 제 강의와 관련된 영상을 많이 찾아보고 있어요. 강의를 하는 분들은 점검해 보시고 꼼꼼하게 챙겨서 더 생생하고 풍성한 강의를 하시기 바랍니다.

인간의 집중력은 15분을 넘지 않는다고 합니다. 그렇기 때문에 하나의 주제가 끝나고 다음으로 넘어갈 때도 새롭게 호기심을 자극해 주는 것이 좋습니다. 그러니 강의 중 사진이나 영상을 적극적으로 활용해 보세요.

호기심을 자극하는 방법(중급)

1) 일화로 호기심 끌기

"제가 처남이 생겼는데요."

제가 처음에 이야기했던 연세대 국문과 나온 사장님의 대박 횟집 기억나시죠?

이렇게 시작하면 사람들은 도대체 무슨 이야기를 하려고 하나 궁금증을 가집니다.

향수를 판매할 때에도 "이 향수 너무 좋아요."라고 이야기하는 것보다는 "지난주에요, 어떤 손님이 8년 만에 임신했다고 하셨는데, 어떻게 된 거냐면요…" 이렇게 일화로 시작하면 호기심이 자극되죠.

이야기 주제와 관련된 일화가 있으면 적극적으로 활용해 보세요. 다음은 예전에 제 강의를 들었던 한 수강생이 일화를 활용한 좋은 예입니다.

"저희 손님 중에요, 학교 경비 아저씨를 꼬시기 위해 향초를 사러 오신 분이 있어 차량 방향제를 하나 추천해 드렸어요. 그 아저씨를 꼬신 이유는 학교 강당을 빌려 자기의 사랑을 고백하기 위해서였어요."

재미있죠? '경비 아저씨의 마음을 움직여 사랑 고백을 하고 과연 성공했을까?' 궁금증이 일지 않습니까? '향기에는 큰 힘이 있습니다!'라고 이야기하는 것보다도 더 큰 호기심을 끌 수 있겠죠.

2) 상상력 활용하기

자, 영화 한 편을 친구에게 추천해 볼 건데요. 역시나 특이하게, 다르게 시작해야 합니다.

"내가 어제 영화를 한 편 봤는데 되게 재미있더라."

이렇게 시작하면 너무 평범합니다. 97%의 사람들이 이렇게 얘기를 하잖아요. 그러면 듣지 않습니다. 말하는 사람을 내가 개인적으로 좋아한다면 귀기울이겠지만, 그게 아니라면 들리지 않아요.

조금 다르게 출발하는 도입부를 보여드릴게요. 이렇게 시작하더라고요.

"똑같은 영화를 세 번 봤어요."

그럼 일단 '어, 무슨 영화인데 세 번이나 봤을까?' 하는 호기심이 마구 들겠죠?

"처음에는 저 혼자 봤고요, 그다음은 남자친구랑 봤고요, 세 번째는 엄마랑 가서 한 번 더 봤어요. 그 영화가 뭐냐면…"

이렇게 하면 사람들은 궁금해서 목을 길게 뺄 겁니다. 정말 궁금해하겠죠.

콘텐츠도 중요하지만 그 콘텐츠를 어떻게 시작하느냐에 따라 결과가 달라질 수 있는 겁니다. 창의적으로 고민해야 합니다.

딱히 뭐라고 이야기해야 할지 모르겠으면 남들이 한 걸 슬쩍 카피해 보는 것도 좋습니다. 피카소도 '예술은 도둑질이다'라고 했습니다. 남들이 하는 걸 보고 그걸 자기 걸로 가져와 그 영감을 써먹을 수 있는 사람들이 더 나은 창의적인 행동을 할 수 있다는 거겠죠. 혹시 좋은 아이디어가 생각나지 않으면 "제가 최근에 똑같은 영화를 세 번 봤는데요" 이렇게 한 번 이야기를 시작해 보시길 바랍니다.

호기심을 자극하는 방법(고급)

1) 특별함 활용하기

소설가 김영하 씨의 강연을 들으러 간 적이 있어요. 그런데 김영하 씨가 강연을 시작하며 관중들에게 부탁을 하더라고요. 이게 신의 한 수였어요.

"부탁 하나 드려도 될까요? 오늘은 좀 솔직한 이야기를 하려고 합니다. 오늘 나누는 이야기들은 SNS에 안 올렸으면 합니다."

사람들은 동의했고, 강의가 시작됐어요. 당연히 강연의 집중도가 매우 높았겠죠. 워낙 말씀을 재미있게 하는 분이기도 했지만 이 오프닝 멘트로 인한 호기심의 힘을 느낄 수 있었어요.

'검색해도 찾아볼 수 없는 특별한 이야기를 지금 내가 듣고 있어'라는 기분으로 강연을 듣기 시작한 거죠.

특별함은 다른 게 아닙니다. '오늘 여기'에서 한정적으로 존재하는 것에 우리는 특별함을 느끼잖아요.

제가 운영하는 학원이 위치한 이화여대 앞에는 중국인 관광객들이 많아요. 거리마다 중국 사람들이 기념사진을 찍는데 신기하더라고요. 저나 우리 학생들은 그저 바쁘게 지나치는 그곳에서 그들이 사진을 찍는 이유는 무엇인지 궁금했어요.

우리는 '내일 여기 다시 올 수 있다'고 믿고, 관광객들은 '다시 오기 힘들 것이다'고 생각하기 때문 아닐까요? 그 한정적인 느낌이 순간에 집중하게 만드는 거죠. 기차에 연인을 태워 보내는 군인과 그 연인의 표정을 떠올려 보세요.

다시 들을 수 없는 특별한 이야기가 될 것이라는 걸 알리면 사람들은 집중합니다. 특별함으로 시작해 봅시다.

"평소에 잘하지 않는 이야기입니다."

"여러분에게 처음 들려드리는 이야기인데요."

"어디 가서 오늘 제가 하는 이야기는 안 해주셨으면 합니다."

2) 에너지 올리기

에너지로 호기심을 자극하는 사람들이 있어요. 딱히 특별한 말을 한 것도 아닌데 사람들이 완전 집중하죠. 이걸 가장 잘하는 분이 컬투인 거 같아요. 사연을 읽기 전에 "아!! 이 사연! 오~~ 하하하 진짜 웃기네요."라고 몇 마디 할 뿐인데 듣는 사람들은 텐션이 올라갑니다.

직접 보면서 이야기할 때는 표정이나 감탄사 등으로 다르게 시작할 수도 있습니다.

3) 직접 도움 구하기

'사람들은 생각보다 착하다!'

제가 늘 느끼는 사실이에요. 강연을 시작할 때 미리 부탁하면 사람들이 집중해 줄 때가 있어요.

"여러분, 부탁 하나만 드려도 될까요?"

이렇게 사람들에게 가벼운 부탁을 하고 감사하다고 말하는 것만으로도 다른 시작을 만들어 낼 수 있어요. 도움을 주면 행복해지잖아요.

'뭘 도와달라고 하는 걸까?'라면서 사람들은 궁금해합니다.

관심을
일으켜라

호기심으로 끌고 관심으로 붙잡아라!

♦   호기심은 5초도 잘 안 갑니다. "쿵" 소리가 들리면 잠시 쳐다보지만 금세 사람들의 시선은 원래 하던 일로 돌아오죠. 호기심은 출발점일 뿐이지 15분을 지탱하지 못합니다. 호기심은 시작점일 뿐입니다.

'관심'은 호기심을 어디로 끌고 가야 하는지에 대한 이야기입니다. 관심은 이제 두 번째 단계가 되겠죠.

"Gentlemen,
you had my curiosity...
but now you have my attention."

쿠엔틴 타란티노 감독의 영화 〈장고 : 분노의 추적자〉에 나오는
대사가 있습니다.

"호기심을 일으키더니… 이제 관심을 *끄*는군."

호기심과 관심의 차이는 무엇일까요? 이 두 차이를 알게 되면
면접관이나 상대의 시선을 15분 이상 잡아둘 수 있게 됩니다.

제가 예전에는 107kg까지 나갔었어요. 그리고 제가 이만큼 살이 빠질 수
있었던 이유는 누가 이 다이어트를 해보라고 권해서였어요. 그런데 다이
어트 하면 제일 걱정되는 게 '건강 망칠까', 그다음엔 '요요 올까' '돈 많이
들까'잖아요. 다행히 저는 이 세 가지에 아무것도 해당되지 않았어요. 저는
살을 쫙 빼 건강해졌고 요요도 오지 않았고 돈도 별로 들지 않았어요. 다
이어트가 크게 힘들지 않았고 즐겁게 했어요.

제가 이 정도 얘기하면 사람들이 다이어트 방법에 대해 이것저
것 물어보더라고요. 이때 사람들의 눈빛에서 제가 공통적으로 발

견하는 게 있습니다. 바로 '관심'입니다.

107kg이었다고 했을 때 드는 건 '호기심'입니다. 그런데 건강도 망치지 않고, 요요도 없이 돈도 별로 안 들이고 잘 뺐다고 할 때 사람들이 느끼는 감정은 호기심이랑 다릅니다. 혜택이 커지면서 생기는 것이 '관심'입니다.

'아, 이거 들으면 대박이겠다!'라는 감정이죠.

호기심과 관심은 다르다

◆   호기심은 이런 거예요.

제가 길을 가고 있는데 누가 저에게 "너, 큰일날 거야." 이렇게 이야기하면 고개가 돌아가죠? 이건 관심이 아닙니다. '뭔 소리야?' 하고 궁금한 마음에 돌아보는 겁니다. 그런데 그가 이렇게 말을 이어갑니다. "말로 먹고사는 사람이구만, 두 딸은 잘 있어?" 이렇게 말한다면? 이건 호기심 차원이 아니게 됩니다. 나랑 관련이 있다는 '관심' 차원으로 넘어가는 겁니다. 호기심으로 끌어당겨졌지만 관심 차원으로 붙잡아 두는 거겠죠.

자, 그럼 다른 상황을 볼게요.

"큰일날 거야." 이렇게 말해 호기심을 끌었죠? 그런데 이분이 지나가는 사람들 모두에게 똑같은 말을 하고 있다는 걸 알게 되었어요. 그럼 나랑 관련이 없으니 더 들을 이유가 없습니다.

그래서 호기심은 시작일 뿐 끝까지 가지 않는 거예요. 호기심을 지나 뭘로 옮길 수 있어야 한다? 관심!

얼마 전 L건설 최종면접이 있었어요. 경영지원본부니까 L건설에서 최고의 요직이라 할 수 있겠죠. 거기 면접장에서 공교롭게도 두 사람이 만났어요. 그 두 사람은 1년 동안 저와 같이 공부했던 친구들입니다.

그들은 강남 신논현역에 있는 영어학원에서 제가 수업하는 영어 강의를 들었어요. 매일 아침 일찍 즐겁게 웃으면서 공부했어요. 새벽 강의인데 빠지는 사람도 없고, 중간고사·기말고사 기간에도 나와 떡도 나눠 먹고 삼각김밥 사 먹으면서 1년 동안 꾸준히 공부했어요. 한 명은 영어 면접을 1등으로 통과하고, 한 명은 우리말 면접을 1등으로 통과했어요.

현재 취준생이 이 책을 읽고 있다면 이 이야기에 호기심을 넘어 관심 단계로 가겠죠. 직장에 다니거나 지금 회사에 만족하고 있다면 '그런 일이 있었구나!' 정도로 생각하겠지만 취업을 원하는 학생들은 이 이야기를 들으면 눈이 반짝해요. 제가 대학에서 이 얘기를 하면 학생들은 그때부터 엄청 집중합니다.

자, 이건 호기심일까요, 뭘까요? '관심'입니다.

관심의 본질은 뭡니까? 나한테 혜택이 있다는 겁니다. 들으면 대박이라는 거죠. 혜택이 있다는 얘기를 빨리해줘야 합니다. 아무런 혜택이 없으면 들을 이유가 없습니다.

구체적인 혜택을 말하라

"소득을 두 배로 올릴 수 있다면 해보시겠어요? 제가 오늘 어떻게 소득을 두 배로 만들 수 있는지 알려드리겠습니다! 그것은 생각을 바꾸면서 시작됩니다."

◆   Part 2에서 이야기했던 브라이언 트레이시의 강연내용입니다. 강연료 8억이라는 말에 호기심이 발동해 봤던 강연이었는데, 강연 시작하고 얼마 안 되어 그가 "소득을 어떻게 하면 두 배로 만들 수 있는지 알려드리겠습니다"라고 말하니까 갑자기 집중이 확 되더라고요. 이 강연을 보고 실제로 노력하고 실천했더니 소득이 진짜 두 배로 올랐어요. 저로서는 정말 큰 도움을 받았던 강의입니다.

혹시 '명월초'가 뭔지 아세요? 저는 건강식품을 그다지 좋아하지 않아 잘 안 사는데 그런 제가 이걸 샀어요. 한 고수가 저에게 이걸 소개했거든요. 명월초, 이걸 꼭 먹어보라고!

"아. 됐어. 그런 거 안 산다."

이렇게 말했는데 딱 4글자를 들으니 바로 사게 되더라고요.

"민호야, 1일 3똥."

이렇게 얘길 하더라고요. 저는 '1일 3똥' 하고 아무 상관이 없는데 제 친한 친구가 심한 변비가 있어요.

"민호야, 마지막으로 똥을 싼 게 언제인지 기억이 안 난다"라는 말을 할 정도로 변비가 심한 친구가 있는데 이걸 먹으면 1일 3똥을 쌀 수 있다는 거예요. 그러니까 제가 친구를 위해 할 수 있는 정말 좋은 선물이겠구나 싶어 산 거죠.

고수들은 말을 길게도 안 하더라고요.

"1일 3똥" 딱 4글자로!

'1일 3똥'은 호기심이 아니죠? 뭘까요? '관심'입니다. 나한테 어떤 혜택이 있을 거라는 기대감!

97%는 이렇게 말한다.
"몸에 좋아요.
이거 꼭 드셔보세요"

3%는 이렇게 말한다.
"1일 3똥"

어떻게든 호기심을 끌었다면 혜택을 알려줌으로써 관심의 영역으로 끌고 와야 합니다. 길 가다가 이벤트 풍선 같은 것들이 보이면 호기심이 생기죠? 그때 얼른 내가 관심 가질 혜택을 제시해야하는 거죠. 빨래를 터는 타이밍 같은 거죠. 들어 올릴 때가 호기심이라면 들어 올렸을 때 털 수 있는 타이밍이 딱 찾아옵니다. 그때를 놓치면 빨래 못 털죠.

권위를 이용하면 관심이 생긴다

◆　　　　　　저는 아리스토텔레스를 만나고 소소한 기적을 경험했습니다. 아리스토텔레스는 설득을 위해 세 가지가 필요하다고 했습니다. 연봉 협상과 같은 설득상황에서 활용될 수 있는 유용한도구인데, 에토스·파토스·로고스가 그것입니다.

셋 중 하나인 '에토스'를 활용한 후 청중들은 제 발표에 더욱 집중하기 시작했습니다. 대학교 강의에서도 그랬고, 업체와의 미팅에서 좀 더 나은 조건으로 계약을 하기도 했습니다. 콘텐츠를 만들때 적용했더니 영상의 공유 숫자가 3일 만에 8,000개를 돌파하기도 했습니다. 에토스의 활용은 제게 말하기의 새로운 장을 열어줬어요. 그럼, 에토스는 무엇일까요?

에토스는 권위이자 신뢰입니다. 믿을 수 있는 정보만 힘을 가집

제가 말하는대로 스피치코치라고
소개를 하면 사람들이

니다. 우리가 치킨 한 마리를 시킬 때도 신중하잖아요. 인터넷으로
후기를 볼 때도 광고 글인지 실제 소비자가 쓴 것인지를 의심합니
다. 정보의 양은 이미 차고 넘치기에, 양이 아닌 질을 확인하게 됩
니다. 이처럼 청중은 끊임없이 정보에 대한 신뢰를 요구합니다.

아리스토텔레스라는 믿을 만한 철학자의 이야기를 끌고 온 것
또한 에토스를 활용한 거예요. '믿을 수 있는 정보인가?'라는 청중
의 마음에 확신을 줘야 그들의 관심을 사로잡을 수 있기 때문이죠.

〈스펀지〉〈생생정보통〉〈위기탈출 넘버원〉 같은 정보 프로그램
들을 떠올려 볼게요. 그들은 항상 에토스를 활용해요. 전문가가 나
와 설명을 시작할 때면 화면에 함께 표시되는 것이 있어요. 뭘까
요?

'서울대학교 의대 ○○○ 교수'

'2016년 올림픽 금메달리스트 ○○○'

'한국○○○○협회 회장' 등등.

이처럼 말하는 이가 '믿을 만한 사람'임을 보여주는 것이 에토스를 활용한 설득법입니다.

서점에서 책 표지를 보더라도 독자를 유혹하는 문구와 함께 에토스를 보여주려는 노력들이 보입니다. 이 책의 표지도 다시 한 번 확인해 보시죠. 'JTBC 〈말하는대로〉 스피치 코치' '〈세바시〉 스피치 코치' '영어 강사 TV 오디션 우승자' 등 저자가 믿을 만한 경력자라는 것을 보여주고 있죠.

97%는 이렇게 말한다.

"말하기 팁을 공개합니다."

3%는 이렇게 말한다.

"〈세상을 바꾸는 시간, 15분〉 스피치 코치의
말하기 팁을 공개합니다."

'일산맛집'보다는 '24년 일산 토박이가 알려주는 일산맛집'이라고 말하면 더 신뢰가 갑니다. 거창한 경력이 아니어도 좋습니다. '6개월 전에 이사 온 일산 새내기가 정리한 최신 일산맛집'도 매력적입니다.

'공항이용 꿀팁'이라는 콘텐츠도 '2년 차 승무원이 알려주는 공항이용 꿀팁'이라고 적는다면 사람들이 더욱 집중할 것입니다.

'롯데리아 알바생이 알려주는 롯데리아 이용 꿀팁'이라는 제목도 매력적이죠? 엄청난 권위가 없어도 좋아요. 때로는 소소하지만 생생한 실수담이 더 편한 느낌을 주기도 합니다. '소개팅 100번 실패한 남자가 알려주는 〈소개팅, 나처럼 하면 망한다〉'라는 접근처럼 말이에요.

권위에 따라 다르게 들린다

◆ 　　　　가수 이적과 유재석이 함께 부른 〈말하는 대로〉라는 노래가 있어요. 많은 사람들이 가사를 듣고 감동했어요.

"말하는 대로~ 말하는 대로~ 될 수 있다곤 믿지 않았지.

사실은 한 번도 미친 듯 그렇게 달려든 적이 없었다는 것을."

　게임중독에 걸린 친구가 이 노래를 부를 때와 방송인 유재석이 부를 때의 감동은 다르겠죠? 10년 간의 무명생활, 그 후 10년 넘게 정상을 지켜온 유재석의 스토리를 아는 사람은 그를 신뢰합니다. 감동은 그 신뢰로부터 오는 것입니다.

　그런데 유재석의 스토리를 모르는 외국인 친구에게 이 노래를 들려준다면? 그 감동은 우리가 느낀 것과는 당연히 다르겠죠. 결국 메시지(내용)가 아니라, 메신저(말하는 사람)가 중요하다는 뜻입니다.

　상암동 JTBC 사옥에서 강원국 교수님을 만났어요. 그는 『대통령의 글쓰기』라는 책의 저자로, 김대중 대통령과 노무현 대통령의 연설문을 쓰는 비서관이었습니다. 그의 저서를 감명 깊게 읽었기에 더욱 기대되는 미팅이었어요. 그런데 엘리베이터에서 교수님을 만났다면 그가 강원국 교수님인지 몰랐을 거예요.

　이처럼 유명 연예인이 아닌 평범한 사람인 경우 신뢰도를 확보해 시청자들에게 메시지를 잘 전달하는 방법은 무엇이 있을까요?

　〈말하는대로〉라는 방송은 스튜디오 녹화와 현장 버스킹(강연)으로 나누어 이 부분을 잘 해결했습니다. 말하는 사람이 누구인지(에토스)를 보여주기 위해 스튜디오 녹화장을 활용한 거죠. MC인 유희열과 하하가 분위기를 띄우며 시청자들에게 버스커들의 경력을 이야기해 줍니다.

TV는 10대 청소년부터 80대 노인까지 다양한 이들이 지켜보는 매체입니다. 그러니 산다라박, 키, 악동뮤지션 등의 아이돌을 모르는 장년과 노년층에게는 그들에 대해 미리 알려줘야 할 것입니다. 표창원, 이재명, 심상정 같은 정치인들을 모르는 사람들에게는 그들이 누군지 그들의 활동사항을 알려줘야 할 것입니다. 그것이 MC들의 역할이었습니다. '에토스'가 생길 수 있도록!

이렇게 버스커의 경력을 듣는 과정에서 청중은 강연자가 누구인지 알게 되는 거죠. '오, 저런 사람이라면 믿고 들을 만하겠구나.' 이 과정을 통해 시청자들은 버스커들에게 일종의 '말하기 허가증'을 주게 되는 겁니다.

권위가 없을 땐 빌려오면 된다

♦   캠핑 가서 요리할 때 소금이 없으면 어떻게 하나요? 옆 텐트에서 빌려야겠죠? 마찬가지로 권위가 없을 땐 권위를 빌려야 합니다.

혜택을 제시해야 하는데 쉽지 않습니다. 살다 보면 누구나 갑이 아닌 을의 입장에서 말해야 할 때가 있기 때문이죠. 저는 감사하게도 여러분에게 약간의 권위를 인정받은 상태예요. 여러분들이 제 책을 사주신 거잖아요. 너무나 감사하게도 저는 유리한 상황에서 말하고 있는 거죠. 그런데 현실은 어떨까요? 우리는 보통 불리한 상황에서 이야기하는 경우가 많아요.

나에게 권위가 없을 때가 물론 있죠. 사장님이 "어디 한 번 얘기해 봐!"라고 하는 거예요. '네가 잘하는지 내가 지켜보겠다!' 이런 테스트를 받는 느낌도 들고요. 되게 불리하죠. 학생들이나 취준생이 면접장에 들어갔을 때도 마찬가지고, 권위적인 부모님과 이야기할 때도 마찬가지입니다. 이처럼 말을 해야 하는데 혜택을 줄 입장이 아닌 상황일 때가 있어요. 즉, 갑이 아닌 을의 위치에서 말하기를 하고 있는 거예요.

그럼, 을의 입장에서 관심을 끌 수 있는 방법은 없는지 이야기를 한 번 해보도록 하겠습니다.

저는 말하는 걸 좋아해요. 사람들과 소통하는 걸 좋아한다는 겁니다. 사람들과 눈을 마주치고 이야기하는 것이 좋아서 대학시절 팬시점 '텐바이텐'에서 일할 때도 그렇게 행복했어요. 사람들의 눈을 보면서 이야기하고 쇼핑을 도와줄 수 있는 게 만족스러웠어요. 국토순례 자원봉사자로 참가해서 아이들을 도울 때도 행복했어요.

그런데 제가 대학시절, 수업시간에 발표를 하는데 친구들이 잘 안 쳐다보더라고요. 폰을 보고 있고, 딴짓하고…. '들어봤자 발표자에게 배울 게 없을 것 같다'고 생각했는지 저는 열심히 준비를 했는데 친구들이 관심을 가져주지 않으니 마음이 아프더라고요. 그래서 저를 쳐다보게 만들고 싶었어요. 제가 교수면 다 쳐다볼 텐데 학생이니 안 쳐다보는구나 싶었죠.

어떻게 할까 고민을 하다 아이디어를 하나 냈어요. 발표 준비를 한 후 교수님께 가서 궁금한 부분들을 여쭤봤어요. 그리고 마지막에 한마디 했죠.

"교수님, 혹시 오늘 이 내용이 기말고사랑 관련이 조금이라도 있을까요?"

교수님이 고개를 살짝 끄덕이셨어요. 당연히 관련이 있으니까 제게 발표를 시키신 거겠죠?

"안녕하십니까? 이민호입니다. 오늘 to부정사에 대해 발표하겠습니다. 제가 여기 오기 전에 교수님을 뵀는데 교수님께서 오늘 제가 발표하는 내용이 이번 기말고사와 관련이 있다고 하시더라고요. 그럼, 발표를 시작하겠습니다."

자, 저는 권위가 없는 학생 신분이었지만 교수님으로부터 권위를 좀 빌려올 수도 있는 거죠. 자기 힘으로 뭘 하려고 해도 안 될 때가 있습니다. 그럴 땐 살짝 빌려오면 됩니다!

97%는 이렇게 말한다.

"그럼, 발표를 시작하겠습니다."

3%는 이렇게 말한다.

"여기 오기 전에 교수님을 뵀는데 교수님께서
오늘 제가 발표하는 내용이 이번
기말고사와 관련이 있다고 하시더라고요.
그럼, 발표를 시작하겠습니다."

"제가 이런 것에 관심이 많아서 EBS 〈설득의 비밀〉이라는 다큐를 봤어요. 거기에서 중요한 사실을 알게 됐는데요."

독자 여러분, 자기도 모르게 지금 더 집중하지 않으셨나요? 왜 그럴까요? 여러분이 교육방송 EBS를 믿으니까요! EBS가 허튼소리를 할 거라고 생각하지 않는 겁니다.

"피터 드러커를 경영학의 구루라고 하잖아요. 피터 드러커가 설득에 대해 한 이야기가 있습니다. 그게 뭐냐면요."

자, 독자 여러분 또 집중하지 않으셨나요? 왜 그럴까요? 이민호는 틀린 말을 할 수 있어도 피터 드러커는 틀린 말을 할 리가 없으니까요. 그래서 권위를 빌려오는 겁니다.

나에겐 없는 권위지만 꼭 필요할 때는 다른 사람의 권위를 빌려올 수 있는 겁니다. 자기계발서를 보면 대부분 뭐로 시작합니까? 명언 같은 것들이 소개되어 있어요. 그 챕터의 주제를 한 번에 보여주는 명언 같은 것! 왜냐하면 책의 저자는 생소해도 아리스토텔레스나 유명한 학자들이 거짓말을 했을 리 없으니까요. 그렇지요?

'관심'이 두 번째라고 했습니다. 호기심은 뭐라고요? '신기한 것' '특이한 것'입니다. '특이하게 시작해야 한다' '다르게 시작해야 한다'라고 여러 번 강조했습니다. 두 번째 관심은 뭐라고요? 혜택입니다. 나한테 분명 좋을 거라는 느낌이 있어야 듣는다는 거죠. 자, 그럼 세 번째는 뭘까요? 세 번째는 '경계심'입니다.

경계심을
일으켜라

혜택보다는 불이익을 강조하라

♦ 　　　　　　블롭점프를 아시나요? 하늘 위로 높이 솟아올랐다가 물로 시원하게 다이빙하는 수상레저 스포츠입니다.

맥주 광고에서 보신 적 없나요? 역동적인 사진을 통해 사람들에게 '어, 저게 뭐지?'라는 호기심을 자극하는 거죠. 이렇게 새로운 주제로 넘어갈 때에는 호기심을 끄는 게 중요합니다.

저도 학원 선생님들과 함께 블롭점프를 하러 간 적이 있는데요, 하기 전에 안전교육은 필수입니다.

"여기 모여 주세요. 이제 안전사항에 대해 말씀드릴게요. 잘 들으셔야 해요. 방심했다간 큰일납니다."

이렇게 이야기하면 사람들이 잘 듣습니까? 안 듣죠! 다들 한쪽에서 사진 찍고 셀카 찍고 그러고 있죠.

그런데 그날은 달랐어요. 스태프 한 분이 아무 말 없이 사진 한 장을 들고 오더니 보여주는 거예요. 그걸 본 순간 깜짝 놀랄 수밖에 없었어요. 새빨간 피가 보이고, 그 사이로 다리뼈 같은 게 튀어나와 있는 사진이었습니다. 그 사진을 보여주며 딱 한마디 하더라고요.

"지난주였습니다."

자, 안 들을 수 있을까요, 여러분? 이건 들어야 해요.

"위험할 수 있어요." 이런 얘기는 귀에 하나도 안 들립니다. 그런데 사고가 났을 때의 사진을 보면 깜짝 놀라서 주의사항에 귀를 기울이게 됩니다. 나에게 불이익이 있을 수 있다는 사실에 민감하게 반응하는 거죠. 그럴 때 사람들은 듣게 됩니다.

97%는 이렇게 말한다.
"집중해 주세요. 중요합니다."

3%는 이렇게 말한다.
(피 흘리는 사람의 사진을 보여주며)
"지난주였습니다!"

선생님들이 많이 쓰잖아요.

"이거 중간고사에 나온다."

점수에 조금이라도 관심이 있는 학생이라면 다 들을 겁니다. 안 들으면 자기만 손해니까요. "안 들으면 후회할 것 같아!"라는 감정이 들게 하는 것이 중요합니다.

"자, 집중해 주세요. 정말 중요합니다."

이런 말들 너무 길게 하지 마시고요. 그냥 간단하게 "지난주였습니다!" 하면서 딱 한 장 보여줄 수 있는 것이 필요하다는 겁니다.

부천에서 사회복지사 분들을 대상으로 강의할 때 이 이야기를 했는데, 사회복지사 한 분이 이렇게 말씀하셨어요.

"저도 그 비슷한 경험이 있는데요. 제가 15년 동안 사회복지사로 일하면서 사람들에게 도장이든 서류든 챙겨오라고 하면 사람들이 안 챙겨왔어요. 그런데 요즘엔 잘 챙겨옵니다."

그래서 제가 어떻게 한 거냐고 물어봤어요.

"지난주에 어떤 할머니가 20만 원 못 타가셨는데⋯."

이렇게 말하니 사람들이 한 명도 빠짐없이 다 가져오더라는 겁니다. 혹시나 못 타갈까 봐. 손해 볼까 봐!

처음 일으키는 마음은? 호기심!

혜택이 있을 것 같아서 생긴다? 관심!

안 들으면 손해 볼 것 같은 느낌? 경계심!

관객들의 경계심을 이용하라

♦   대부분의 강사들에게 가장 강의하기 힘든 곳이 어딘지 물어보면 1초도 망설이지 않고 답할 거예요. 예비군(민방위) 훈련장이라고!

저도 10년 넘게 강연을 했고, 많이 듣기도 했습니다. 서울부터 제주도까지, 초등학교부터 대기업까지, 1명부터 5,000명 앞까지 다 서봤는데, 예비군 훈련장만큼 집중도가 떨어지는 곳은 지구상 그 어디에도 없습니다. 그곳에서 사람들을 집중시킨다는 것은 거의 불가능해 보일 정도였어요.

민방위 2년 차 교육을 받을 때였어요. 서대문 문화회관의 대강당에서 응급처치(CPR) 교육을 받는 날이었어요. 그런데 그날 교육은 다른 민방위 교육과 달리 대성공이었어요. 이유가 뭐였을까요?

일반적인 민방위 교육은 이렇게 시작합니다.

"CPR 교육, 시작합니다. 여러분의 생명을 살릴 수 있는 교육입니다. 집중해 주세요."

어떨까요? 집중이 되나요?

그런데 그날은 달랐습니다.

"화면을 보시죠."

강사는 자기소개도 없이 동영상 화면을 플레이시켰어요. CCTV 녹화 장면 속에서 유치원생 아이가 갑자기 쓰러졌고, 주변의 선생님들은 놀라 웅성거렸습니다. '위옹~ 위옹~ 위옹~' 응급차가 골목 진입을 시도하고 있는 장면이 이어졌고, 불법주차된 차들로 인해 응급차가 못 들어가는 장면이 겹쳐 나왔습니다.

"응급처치만 할 수 있었어도….."

힘겹게 말을 이어가는 아버지의 영상이 나왔습니다.

"우리 딸, 살아있을 건데…."

이 순간, 영상을 멈추며 강사가 말했습니다.

"여러분의 아버지, 어머니, 친구, 연인일 수 있습니다. 사랑하는 사람을 살릴 수 있는 응급구조법, 지금부터 배워보도록 하겠습니다. 저는 오늘 CPR 강의를 맡은 강사 ○○○입니다."

그리고 놀라운 광경이 눈앞에 펼쳐졌습니다. 80% 이상의 교육생들이 집중하여 강의를 듣더라고요. 예비군들이 집중을 하다니! 돌부처가 살아서 미소짓는 느낌이었고, 막혔던 바다가 갈라지는 느낌이었어요. 예비군과 민방위 교육을 받는 동안 이런 일은 처음이었어요. 민방위 대원들은 차례로 줄을 서서 실습까지 마쳤습니다.

"중요합니다. 집중하세요."라는 말에 사람들은 집중하거나 반응하지 않습니다. '진짜 안 들으면 손해겠구나!'라는 생각이 들어야

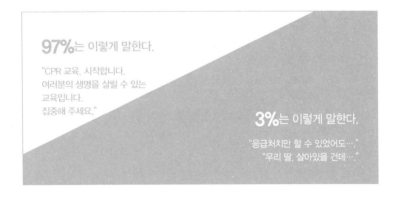

97%는 이렇게 말한다.

"CPR 교육, 시작합니다.
여러분의 생명을 살릴 수 있는
교육입니다.
집중해 주세요."

3%는 이렇게 말한다.

"응급처치만 할 수 있었어도…."
"우리 딸, 살아있을 건데…."

집중합니다.

그러기 위해 그날 그 강사는 바로 그 경계심을 이용한 것입니다.

'호기심' '관심' '경계심' 이 세 가지에 대해 정리해 봤습니다. '호기심'은 특이한 것, '관심'은 혜택, '경계심'은 불이익에 민감하게 반응한다고 했습니다.

특이해야 처다보고, 특이한데 나와 관련이 있으면 계속 보는 거고, 특이한데 안 들으면 큰일나겠다 싶으면 사람들은 관심을 쏟습니다.

아주 본질적이고 확실한 이야기 시작법이었습니다.

조각칼.럼!

당신의 인생 잔고는
얼마입니까?

"통장에 얼마 있어요?"

현금, 부동산, 현금화 할 수 있는 물건 등을 통틀어 '자산'이라고 한다. 삶에도 이와 비슷한 개념이 있다. 사회학자들은 이를 '정체성 자본'이라고 부른다. 버지니아대학교 임상심리학과 맥 제이 교수는 '정체성 자본'을 이렇게 정의한다.

"오랫동안 해왔거나 충분히 잘하는 것, 자신의 일부나 다름없는 일을 뜻한다. 학위나 직업, 시험점수, 동호회, 사교단체 등 이력서에 들어가는 요소도 정체성 자본에 속한다. 말투, 출신지, 문제해결 방식, 외모 등도 정체성 자본에 속한다. '정체성 자본'은 우리가 성인시장에 들고 나가는 밑천이다."

봄과 여름이 농사를 위한 결정적 시기이듯, 20대는 인생의 정체성 자본을 만드는 결정적 시기로 여겨진다. 나의 인생 밑천 역시 대부분 20대에 형성되었다. 인디밴드의 보컬로 활동했고, 〈무적코털 보보보〉라는 만화영화의 주제가를 불렀다. 나는 실패한 가수가 되었지만, 3년 간의 무대경험을 통해 큰 선물을 얻었다. '수천 명 앞에서 쫄지 않고 말할 수 있다'는 인생 밑천을 얻었다.

퓰리처상을 받은 정신분석학자 에릭 에릭슨은 '정체성 위기'라는 말을 만들어냈다. '내가 누구인지' 모르는 상태에서 겪는 수많은 고통의 밤을 한마디로 설명한 것이다. 누구에게나 오는 일반적인 현상으로 규정했다. 얼마나 다행인가! 나와 같은 보통 사람들은 다 겪는 문제라는 것이다.

그는 정체성은 성급히 형성되면 안 된다고 주장했다. 이를 위해 젊은이가 현실의 의무나 위험을 무릅쓰지 않고 안전하게 자신을 탐색할 수 있도록 유예기간을 마련해야 한다고까지 말했다. 일종의 '청춘실패 허가증' 같은 게 필요하다는 거다.

그것을 반더샤프트(Wanderschaft, '방랑'이라는 뜻의 독일어로, 스승을 찾거나 무언가를 배우면서 다니는 수행에 가까운 의미의 여행)라고 부른다. 나의 '반더샤프트'는 인디밴드였고, 3년 간 지속했던 무료영어교실이었고, 문단열 선생님을 찾아가 배움을 구한 시간이었다. 확신을 가지고 한 일이 아니었고 말 그대로 방랑이었다. 이런 방랑의 시기, 수행의 시기 덕분에 내가 하고 싶은 일을 명확하게 알게 되었고 지금은 나름 즐거운 삶을 살고 있다.

나는 '말하기'가 우리의 반더샤프트였으면 한다. 토익처럼 점수가 있는 것도 아니고, 자격증도 없다. 더 아름다운 말을 하기 위한 이 여행을 통해 우리는 마침내 내가 누구인지 알게 될 것이다.

어느 날 '나는 누구인가?'라는 질문 속에서 길을 잃었을 때, '말이 운명을 조각한다고 생각하고, 말 한마디도 아름답게 하려고 노력'하는 것이 우리의 정체성 자본이 될 것이라고 믿는다. 인생이란 통장에 '아름다운 말하기'가 입금되고 있는 것이다. "생각이 부유해야 진정한 부자니까!"

비욘세가 무대에서 열정적으로 노래 부르는 모습을 보면 누구라도 감탄하게 됩니다. 그런 비욘세가 몸이 아픈 아이들을 위해 직접 병원을 찾아 노래하는 모습을 보면 감동이 느껴집니다. 노래를 잘 부르는 가수는 감탄을 자아내지만, 그 실력이 사람을 위해 무상으로 쓰일 때 느껴지는 건 감동입니다.

말하기도 마찬가지입니다. 더 명쾌하게 말하면 감탄이 따르고, 상대를 생각해서 배려 있게 말하면 감동이 느껴집니다.

Part 4에서는 똑똑하고 따뜻하게 말하는 방법에 대해 이야기해 봅니다.

능력은 감탄을 주고,
배려는 감동을 준다

Part 4

숫자로
말하라

♦   남은 시간이 10분밖에 없는데, 말 잘하는 방법을 누가 묻는다면 저는 망설임 없이 "숫자로 말하라"고 이야기합니다.

'숫자'라는 키워드를 처음으로 꼽는 데는 이유가 있습니다. 이 스킬은 누구나 금방 배울 수 있을 정도로 간단하고 큰 효과를 낼 수 있기 때문입니다.

저에게 숫자의 힘을 가르쳐준 멘토는 이렇게 말했습니다.

"잘만 사용하면 네 인생이 바뀔 거다. 1년 정도 하면 습관이 되고,

평생 말 잘한다는 소리를 들을 수 있을 거야."

멘토의 말은 사실이었습니다. 면접을 볼 때, 수업을 진행할 때, 친구들과 이야기할 때도 숫자로 말하는 것은 효과가 빠르고 확실했으니까요. 숫자를 이용하면 말하고자 하는 내용이 한순간에 정돈되었습니다.

"우와, 말 잘하네!"

이런 말을 듣고 싶다면 가장 먼저 배워야 할 스킬입니다. 방법은 아주 간단합니다. 말하기 전에 숫자를 넣으면 됩니다. 몇 가지에 대해 말할지 먼저 정리하고 시작하는 거죠. 듣는 사람의 눈앞에 말 그대로 나뭇가지 같은 것이 보이게 됩니다.

"이 회사에 지원한 데에는 세 가지 이유가 있습니다."

"오늘 여러분과 두 가지 이야기를 나누고 싶습니다."

"다섯 가지 단계를 따라 하시면 됩니다."

숫자를 내세우며 이렇게 즐겨 말하는 이를 더러 본 적이 있을 겁니다. 듣는 순간 말하는 사람이 '준비되었다'고 느껴집니다. 생각이 잘 정리된 사람만이 숫자로 말할 수 있고, 숫자로 말하기 위해 생각을 정리하게 됩니다.

유명인들도 '숫자'를 활용한다

"오늘 여러분께 세 가지를 말씀드리도록 하겠습니다."

- 스티브 잡스, 스탠퍼드대학 졸업연설

"제 인생을 통해 깨달은 몇 가지를 여러분과 나누고 싶어요. 세 가지를 말할 거예요. 누군가 몇 가지라고 해놓고 열 개 말하면 열 받지 않나요? 저는 세 가지만 말할게요."

-오프라 윈프리, 스탠퍼드대학 졸업연설

"비행기 추락에서 용케도 살아남았습니다. 그날 저 자신에 대해 배웠던 세 가지 중요한 사실을 여러분과 나누고자 합니다."

- 릭 엘리아스, TED 스피치

"성공하려면 딱 두 가지만 알면 돼. 나한테 필요한 사람이 누군지, 그 사람이 뭘 필요로 하는지."

- 영화 〈비열한 거리〉

면접 합격의 비밀은 '숫자'였다

◆   2년 넘게 취업에 실패한 A라는 친구가 있었습니다. A는 항상 가방에 청심환을 넣어 다닐 정도로 긴장을 많이 합니다. 평소 자신의 말하기에 문제가 있다고 느꼈고, 이를 극복하려고 말하기 수업을 신청했습니다.

3개월쯤 지나 그가 제게 기쁜 소식을 전해왔습니다.

"선생님, 저 합격했어요."

갑작스럽게 취업하게 된 A는 얼떨떨한 상태로 연락을 해왔어요.

회사생활이 조금 지났을 때 자신을 뽑은 인사팀장과 밥을 먹게 된 A는 용기를 내어 물었다고 합니다.

"저는 2년 가까이 취업에 실패했습니다. 솔직히 말씀드리면 이 회사도 크게 기대하지 않았어요. 면접을 보면서 제가 많이 부족하다고 생각했거든요. 저를 뽑아주신 이유가 궁금합니다."

팀장님은 A에게 물었습니다.

"뭐가 부족했던 거 같아?"

"부족한 게 많지만, 특히 두 가지가 자신 없었습니다. 첫 번째는 말할 때 긴장을 너무 많이 하고요, 두 번째는 논리적이지 못한 점입니다."

팀장님은 이렇게 말했습니다.

"무슨 말 하는 거야? 논리적이잖아! 보통 신입사원들은 우왕좌

왕 두서없이 말하는데, A는 지금도 '두 가지 이유가 있습니다'라고 말하잖아. 그런 점이 돋보였어. 물론 긴장을 많이 하는 건 문제였어. 하지만 긴장이야 시간이 해결해 줄 거라고 생각했지. 역시 내 판단이 옳았네. 내게 이런 질문도 하는 걸 보면! 긴장을 많이 하는 사람이 이런 질문을 할 수는 없지."

A는 저와 말하기를 공부하던 3개월 동안 '숫자'의 활용을 몸에 익혔던 거죠. A는 고마움을 전하기 위해 저에게 카톡을 보내왔습니다.

'선생님, 잘 지내시나요? 드릴 말씀이 두 가지 있습니다.'

숫자로 시작하는 문자를 보며, 그의 합격의 이유를 다시 확인했습니다.

'숫자'를 습관화하라

◆　　　　　　엄마에게도 엄마가 있듯이, 이제 선생님인 저에게도 선생님이 있습니다. 선생님은 제게 말씀하셨습니다.

"민호야, 숫자를 붙이면서 이야기해. 1년 정도 연습하면 습관이 된다. 습관이 인생을 바꾸지."

선생님은 나의 스피치 멘토이자 인생 멘토였기에 저는 뭐든지 선생님께 여쭤보았습니다. 연애문제, 가족문제, 사업문제 등 다양한 것들을 물었고, 그럴 때마다 선생님은 명쾌한 답을 주셨어요.

경험에서 얻은 보석과 같은 말씀이었습니다.

하루는 선생님께 전화를 걸었어요.

"선생님, 여쭤볼 게 있습니다. 저번에 말씀드렸던….."

그런데 선생님이 갑자기 화를 내시는 겁니다.

"민호야! 숫자!! 숫자!!"

화가 아니었습니다. 숫자로 말하는 습관을 상기시켜 주신 거죠.

저는 바로 제 말을 고쳤습니다.

"아, 선생님 두 가지 여쭤볼 게 있습니다."

선생님은 제 질문을 꼼꼼히 듣고, 필요한 답을 주셨습니다. 물론 대답해 주실 때 이렇게 말씀하셨죠.

"민호야, 해줄 말이 세 가지가 있어."

선생님은 역시 저의 선생님이었습니다! 대답도 숫자로 명쾌하게 해주셨으니까요.

'숫자'를 붙여 구체적으로 말하라

◆   숫자를 쓴다는 것은 두괄식과도 일견 통합니다. 두괄식, 미괄식은 국어시간에 한 번씩은 들어봤을 겁니다. 두괄식은 말하기 시작할 때 주제를 밝히는 것이고, 미괄식은 뒤에 주제를 밝히는 것입니다. 두괄식의 '두'는 머리, '미'는 꼬리라는 뜻이죠. 숫자를 쓴다는 것은 미리 주제를 알려주는 것이므로 두괄식으로 말하는

형태가 되는 것이죠.

주제를 빨리 밝히면 뭐가 좋을까요? 명쾌합니다! 결론을 숨겨두고 질질 끄는 것보다 모든 것을 시원하게 보여줍니다. 책을 샀을 때 목차를 살펴보는 것과 같다고 볼 수 있어요. 전체적으로 어떻게 구성되어 있는지 알면 마음이 편해집니다.

저 역시 영어 강사 오디션이었던 〈1억 원의 러브콜 E.T〉에서 이를 활용해 좋은 결과를 얻었습니다. '영어학습 꿀팁, 따·상·도'라고 말함으로써 세 가지를 명쾌하게 정리했고, 다 알려주지 않고 첫 자만 보여줌으로써 궁금증을 자아냈습니다.

〈세상을 바꾸는 시간, 15분〉 무대에 섰을 때도 숫자 법칙을 활용했어요.

"행복한 사람들은 공통점이 있더라고요. 두 가지 경우인데요."라고 말하자 사람들이 집중하는 것이 느껴졌습니다. 이렇게 숫자로 정리해 주면 이야기를 듣는 사람들은 호기심과 함께 신뢰감을 느끼게 됩니다.

숫자 3에는 힘이 있다

◆　　　　　　　　EBS 다큐프라임 〈인간의 두 얼굴〉이라는 프로그
램에서 재미난 실험을 했습니다.

강남의 한 교차로에 실험맨을 투입하고 사람들의 반응을 살폈
습니다. 한 남자가 하늘을 향해 손가락질을 했지만 사람들은 처음
에 관심을 보이지 않았습니다. 두 명이 하늘을 손가락질로 가리켜
도 힐끗 쳐다보기만 할 뿐 크게 반응하지 않았습니다. 이윽고 세
명의 남자가 하늘을 가리키자 사람들은 가던 길을 멈추고 하늘을
쳐다보기 시작했습니다.

스탠퍼드대학의 필립 짐바르도 교수는 말합니다.

"숫자 3에는 힘이 있다. 세 가지가 모이면 집단이라는 개념이 된
다. 사회적 규범이 되고, 특정한 목적이 있는 것으로 보여진다. 세

명이 같은 행동을 하면 거기엔 그럴 만한 이유가 있을 거라고 여겨지는 것이다."

우리는 살면서 '3의 힘'을 많이 경험합니다. 저 역시 친구들과의 승부에 3을 많이 적용했습니다. 당구를 치러 가거나 PC방에서 스타크래프트를 할 때도 3의 법칙은 늘 함께였습니다. 한 판을 지고 나면 "다시 해!"라고 외쳤지만 두 판을 지고 나면 불안해졌고, 세 판을 지고 나면 패배를 인정할 수밖에 없었습니다.

누군가와 우연히 눈이 마주쳤다고 상상해 볼까요? 첫 번째는 우연이라고 생각할 수 있지만 두 번째와 세 번째가 겹치면 생각이 달라집니다. 길거리에서 친구의 이름을 불렀는데 친구가 돌아보지 않는다면 어떨까요? 처음에는 못 들었다고 생각할 수 있지만 두세 번이 겹치면 그럴만한 이유가 있다고 생각할 겁니다. '양이 차면 질이 변한다'는 말이 있습니다. 기본적인 양이 3입니다.

이처럼 세 번은 사람들에게 확신을 줍니다.

자, 그러면 우리는 '매직 넘버 3'을 써야 할까요? 말아야 할까요?

당연히 써야 합니다. 선생님들이 새로운 것을 알려줄 때 보통 몇 번 따라 하라고 할까요? 세 번입니다. 세 번을 따라 읽다 보면 어느새 조금씩 익숙해집니다. 세 번 따라 하라는 것도 다 이유가 있는 거예요. 세 번 정도는 해야지 몰랐던 단어가 아는 단어, 친근한 단어로 바뀌는 겁니다.

그럼 소개팅을 하면 몇 번을 만나봐야 할까요? 역시 세 번입니다. 세 번은 만나봐야죠. 왜냐면 첫날은 긴장해서 진짜 매력을 못 보여줬을 수도 있어요. 또 그날 따라 컨디션이 안 좋아서 표정이 안 좋았을 수도 있고, 적어도 세 번의 기회는 줘야 하지 않을까요? 물론 상대가 나에게 세 번의 기회를 주지 않는 안타까웠던 경험도 한 번씩은 있을 겁니다.

뭔가를 가르칠 때는 3이란 숫자가 꼭 필요합니다. '가르친다'는 자체가 듣는 이에게는 새로운 정보라는 뜻이잖아요. 인식을 바꾸며 설득하려면 이유를 세 가지는 보여줘야 '아, 그게 정말 중요한가 보네!'라고 생각한다는 겁니다. 그러니 3의 법칙을 생활 속에서 꼭 활용해 보세요.

다음은 실생활에서 적용한 사례입니다.

저는 태국여행을 추천합니다. 제가 작년 겨울 태국에 다녀왔는데 정말 좋았어요. 세 가지 이유로 태국여행을 권합니다.

첫 번째는 음식입니다. 여행 중에 음식이 안 맞을 때도 있는데 태국은 음식이 달지도 짜지도 않더라고요. 그거 아시나요? 세계에서 최고 맛있는 음식 5위 안에 태국 음식이 두 개나 들어있대요.

두 번째는 가격입니다. 가격이 싸서 좋았어요. 라스베이거스에 갔다면 부담스러워서 결코 못 시킬 음식도 2~3만 원이니 가격이 부담 없어서 너무 좋았어요. 무엇보다 좋았던 건 '친절'이었어요. 저는 눈 마주치는 걸 좋아해요. 태국 사람들은 "사와디캅" 눈을 맞추면서 몇 번이고 인사를 하더라고요. 그 순간 정말 마음이 편하고 좋았어요.

이유를 하나 더 대면 지루해질 수 있어요. 두 개만 얘기하면 빈약하게 느껴질 수 있겠죠? 세 개 정도 얘기하니까 '좋았나 보다'라고 생각할 수 있는 변곡점이 생깁니다.

물건을 팔 때도 3의 법칙을 활용하라

◆　　　　　다음 의류 광고를 보면 '슬림함'과 '편안함'이라고 디자인과 기능의 장점을 이야기하고 있어요. 그럼 세 번째는 뭘까요? 가격입니다. 소비자들은 '디자인' '성능' '가격'을 가장 관심있게 본다는 거죠.

상조회사 광고도 마찬가지네요. 안정성, 경제성, 전문성, 이렇게 세 가지를 내세웁니다.

자, 먼저 안전해야 되겠죠. 상조는 일반 상품들과는 다릅니다. 물건은 구입하면 바로 받는데 상조는 언제 받을지 몰라요. 그러니 재무구조와 모든 것이 튼튼해야겠죠.

두 번째, 경제성입니다. 합리적인 가격이 필요하겠죠.

전문성도 중요한 요인이어서 '25년 동안'의 전통을 통해 전문성을 강조하는 것은 필수입니다.

어떤 업이든지 그 분야에서 필요로 하는 세 가지는 기본으로 있을 겁니다. 3은 마법의 숫자입니다. 세 가지나 세 번은 충족되어야 마음의 안정과 믿음이 생깁니다.

소개팅만 해도 기본 요건이 세 가지는 충족되어야 성사가 되는 게 일반적입니다. 외모, 인품, 직업 등 어느 하나 빠트릴 수 없지요.

기죽지 말고 잘 포장하자

♦ 면접을 보러 갔습니다. 면접관의 질문.

"우리 회사에 지원한 이유가 뭡니까?"

지원자 A가 대답합니다.

"이 회사를 지원한 이유는 두 가지입니다."

지원자 B가 대답합니다.

"저는 세 가지 이유를 말씀드리고 싶습니다."

A와 B에 이어서 세 번째로 대답하게 된 당신은 입장이 좀 난처합니다. 대답할 내용이 하나밖에 생각나지 않을 땐 어떻게 해야 할까요?

한 가지만 생각난다고 하나만 말하기에는 뭔가 찜찜합니다. 이럴 때는 하나를 강조하는 느낌으로 살짝 변환해도 됩니다.

"여러 가지 이유가 있겠지만 이 한 가지만큼은 꼭 말씀드리고 싶습니다."

"자기는 내가 어디가 예뻐?"라고 묻는 여자친구에게 한 군데만 콕 집어 말하면 센스도 없고 성의도 없는 것이 됩니다.

이렇게 말하면 어떨까요?

"예쁜 데가 한두 군데가 아니지만 이것 하나만은 꼭 말해주고 싶어."

여자친구는 당신의 진심이 느껴지는 찬사에 웃음을 참지 못할 겁니다.

이 책을 읽고 배운 점이 무엇이냐고 묻는다면 뭐라고 대답할 건가요? 한 가지밖에 생각나지 않더라도 이렇게 말하면 됩니다.

"많은 것들을 느꼈지만 한 가지만큼은 꼭 말씀드리고 싶습니다."

수많은 잽보다 묵직한 스트레이트 한 방이 될 수 있습니다.

"수많은 세일즈 스킬이 있지만
가장 확실한 하나를 알려드리겠습니다."

대조하며 명확하게
말하라

대조를 통해 이해시켜라

♦ Quiz) '나쁜 남자'를 만난 여자가 있습니다. 여자
는 과연 언제 그가 '나쁜 남자'라는 사실을 알게 될까요?

　1) 친구들이 말해줄 때

　2) 헤어지고 나서

　3) 정월 초하루

1번은 아닙니다. 친구의 연애를 말려 본 사람은 알 거예요. 눈에

콩깍지가 끼면 아무리 말해도 안 듣습니다. 2번도 아닙니다. 헤어지고 나서도 계속 그리워하는 경우가 많죠. 물론 3번도 아닙니다.

정답은 '좋은 남자를 만났을 때'입니다. 좋은 남자를 만나면 명확해집니다. '아, 내가 만났던 사람은 ×××였구나!'

반대의 경우에도 그대로 적용됩니다. 과거에 만났던 사람이 '좋은 남자'였음을 언제 알게 될까요?

정말 나쁜 남자를 만났을 때입니다. 예전에 만났던 사람이 정말 좋은 사람이었다는 깨달음은 언제나 너무 늦게 옵니다.

'이런 상황에서 예전 그 사람은 따뜻하게 안아줬는데.'

'이런 위급한 상황에 그 사람이었다면 달려왔을 텐데…'

이처럼 상황을 명확하게 이해하게 될 때는 언제일까요? 바로, 상반되는 두 가지 경험을 했을 때입니다. 이를 '대조'라고 하지요. 우리는 대조를 통해 개념을 정확하게 이해합니다.

집 떠나와 열차 타고 훈련소로 가는 날

부모님께 큰절하고 대문 밖을 나설 때

가슴속에 무엇인가 아쉬움이 남지만

풀 한 포기 친구 얼굴 모든 것이 새롭다.

이제 다시 시작이다 젊은 날의 생이어.

- 〈이등병의 편지〉 김광석

대조는 모든 일에 적용됩니다. 한국을 멀리 떠나야 한국의 장단점이 제대로 보이기 시작하고, 가족과 친구를 떠나야 비로소 그 존재를 인지하게 되죠. 소중한 사람을 잃고 나서야 그 사람이 내게 어떤 존재였는지 알게 됩니다.

말하기도 마찬가지입니다. 누군가에게 새로운 개념을 말해주려면 두 가지 정보를 함께 알려줘야 합니다. 비교하지 않으면 이해시킬 수 없어요. 그래야 명쾌하게 말할 수 있어요.

공부를 좋아하게 만든 대조 스킬

♦　　　　　제게 수학의 재미를 알려준 선생님이 있습니다. 중학교 때 J선생님입니다. 수학을 재미있게 가르치기로 유명했던 J선생님의 수업은 학생들의 집중도도 남달랐어요.

보통 선생님들은 새로운 수학공식을 가르쳐줄 때 "자, 이건 공식이니까 외워!"라고 하셨죠. 하지만 J선생님은 달랐습니다.

"이 문제를 풀어보자. (5분 동안 풀이) 오래 걸리지? 자, 이제 이 공식에 대입해 풀어보자. (30초 만에 풀어버림) 자, 이렇게 간단하고 정확하게 풀 수 있어. 어떤 게 더 좋을까?"

그 순간, 지루했던 수학공식이 새로 나온 IT 기기처럼 느껴졌습니다. 혁신적인 신기술에 놀라듯 수학공식에 놀라고 기쁨이 있었죠. 그분 덕분에 저는 수학이 재미있어졌어요. 선생님께 수학을 배우는 것이 마술을 보는 것 같았습니다.

지금에서야 이해가 갑니다. 수학공식이 달랐던 게 아니라, 선생님은 그저 '대조'를 이용해 가르친 것이었죠.

카드 마술을 하는 마술사가 빠트리지 않는 행동이 있습니다. 마술사는 자신이 가지고 있는 카드를 관객들에게 보여줍니다. 보통의 카드와 다를 게 없다는 것을 확인시킨 뒤에야 특별한 트릭을 보여줍니다. 놀라움은 그때 찾아오죠. 평범한 문제풀이를 먼저 보여준 다음, 공식을 활용한 풀이를 보여주는 대조의 방식은 마술과도 같습니다.

저 역시 이 마술을 영어수업에 적용해 봤습니다. 결과는 어땠을까요?

대조 스킬은 과목을 가리지 않습니다. 저는 영어를 가르치며 대조를 활용했습니다. 수학을 배울 때 느꼈던 그 마술 같은 경험을 전달하고 싶었거든요. 이렇게 만들어진 방송이 재능영어TV에서 방영된 〈이민호의 술술 풀리는 문법〉입니다.

어느 날 담당 PD님이 놀라운 소식을 전해줬습니다.

"선생님 강의 대박 났어요. 다른 영어 강의 판매 매출의 10배가 나오고 있어요."

재능영어TV 직원이나 임원들이 집에 있는 아이에게 보여주기 위해 제 강의 원본파일을 DVD에 담아 달라는 요청을 한다고도 들었습니다.

제 강의가 기존의 영어 강의와 달랐던 점은 두 가지였습니다. 저의 강의는 비유와 대조가 넘쳐났습니다. 간단하지만 강력한 대조의 힘을 느낄 수 있도록 구성한 거죠.

1) 표현

[대조 없이 가르치기]

'멋지다'는 영어로 awesome입니다.

[대조하며 가르치기]

미국에 교환학생으로 갔을 때 농구를 하다가 슛을 성공시키면 저는 "Good!"이라고 했는데, 미국 친구들은 다르게 표현하더군요.

"Awesome!"

2) 발음

[대조 없이 가르치기]

F 발음을 할 때, 윗니와 아랫입술을 붙이고 공기를 내뱉으세요.

[대조하며 가르치기]

F를 P처럼 발음하시는 분이 많아요. P는 윗입술과 아랫입술을 붙였다가 뗄 때 나는 소리예요. F는 달라요. 윗니와 아랫입술을 붙이고 내야 합니다. 그 사이로 공기를 내뱉어 보세요.

3) 문법

[대조 없이 가르치기]

관계대명사를 쓰면 사연을 붙일 수 있어서 좋아요. It's the ring that I bought for you.(이건 널 위해 산 반지야!)

[대조하며 가르치기]

관계대명사가 없으면 짧은 말밖에 못해요. It's the ring.(이게 그 반지야) 관계대명사는 마치 사연을 붙여주는 접착제라서 자세한 사연도 넣을 수 있죠. It's the ring that I bought for you.(이건 널 위해 산 반지야!)

평소에 대조를 써서 말하나요? 대조는 판매에도 자주 활용됩니다. 대조를 가장 잘 활용하는 곳은 어디일까요?

173

물건을 팔 때 대조는 강력하다

♦ 얼마 전 홈쇼핑에서 D무선청소기를 샀습니다. 두 가지 제품을 두고 고민했지만 결국 더 비싼 신제품을 선택했습니다. 비교 영상을 보다가 마음이 움직였기 때문이죠.

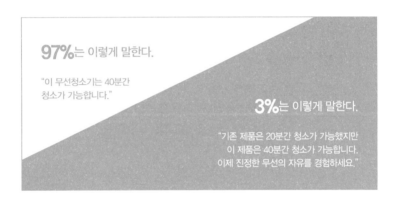

97%는 이렇게 말한다.
"이 무선청소기는 40분간 청소가 가능합니다."

3%는 이렇게 말한다.
"기존 제품은 20분간 청소가 가능했지만 이 제품은 40분간 청소가 가능합니다. 이제 진정한 무선의 자유를 경험하세요."

홈쇼핑은 대조의 효과를 더욱더 적극적으로 활용합니다. 짧은 시간에 사람의 마음을 움직여야 하기 때문입니다. 제품의 장점을 알리기 위해 두 가지 제품을 대조합니다. 제품을 직접 들고 나와 시연도 하고, 표로 정리해 설명하기도 합니다. 비교나 대조 없이는 무엇이 좋은지 나쁜지 알 수 없습니다.

기상캐스터가 전하는 날씨 소식도 예외는 아닙니다.

"어제는 19도였습니다. 오늘은 2도 낮은 17도입니다."

어제의 기온과 날씨에 대조하면 오늘의 기온과 날씨가 더 생생하게 느껴집니다.

닉 부이치치의 대조

◆   닉 부이치치는 팔다리가 없이 태어났지만 누구보다도 행복한 사람입니다. 그는 세계를 돌아다니며 강의와 저술을 통해 희망을 전하는 행복전도사입니다. 그의 표정을 보고 있으면 진정한 행복은 스스로를 인정하고 사랑하는 것이라는 영감을 받게 됩니다.

그는 우리나라의 TV 프로그램 〈힐링캠프〉에도 출연해 자신의 어린 시절을 들려주었습니다. 팔다리가 없는 자신을 놀리는 친구들 때문에 열 살에 자살을 시도할 정도로 괴로워했다고 합니다. 그

럼에도 사랑하는 가족과 진정한 친구들의 도움으로 스스로를 사
랑할 수 있게 되었다고 고백합니다.

'진정한 친구'에 대해 질문하자 그는 이렇게 답했습니다.

"진정한 친구는 당신을 사랑하고, 당신을 격려하는 사람입니다.
당신을 판단하거나 깎아내리지 않아요."

'판단하거나 깎아내리는 것'이 아니라 '사랑하고 격려하는 것이
진정한 친구'임을 그는 명확하게 정의했습니다.

아버지에 대한 질문이 나왔을 때에도 그는 이렇게 말했어요.

"아버지는 말씀하셨어요. '닉, 할 수 없는 일에 집중하는 대신 네
가 할 수 있는 일에 집중해.' 팔다리가 없는 저는 자전거를 탈 수는
없었지만, 스케이트보드는 탈 수 있었습니다. 저는 제가 할 수 있
는 일에 집중했습니다."

면접에서 이런 질문을 받았다고 생각해 봅시다.

"진정한 친구를 정의해 보세요."

당신도 닉 부이치치처럼 대조 기법을 사용해 보는 건 어떨까요?

사이먼 시넥의 대조를 통한 명강의

♦ 〈위대한 리더들이 행동을 이끌어내는 법〉이라는
강연이 있습니다. TED 역사상 최고의 조회 수를 가진 강연 중 하나

인 사이먼 시넥의 강연인데요. 전 세계 수백만 명의 사람에게 영감을 준 이 강연에는 끊임없이 대조가 나옵니다.

A) 애플이 다른 컴퓨터 회사와 같았다면 그들의 마케팅 메시지는 이랬겠죠.
"우리는 멋진 컴퓨터를 만듭니다. 디자인도 좋고, 사용하기 편리합니다. 구입하시겠습니까?"
B) 애플은 실제로 이렇게 마케팅합니다.
"우리가 하는 모든 것들, 우리는 기존의 현상에 도전하고 다르게 생각한다는 것을 믿습니다. 기존의 현상에 도전하는 우리의 방식은 제품을 아름답게 디자인하며 간단히 사용할 수 있고 편리하게 만드는 것입니다. 우리는 이렇게 훌륭한 컴퓨터를 만들게 되었습니다. 구입하고 싶은가요?"

애플의 특징을 전달하기 위해 그가 선택한 방식도 '대조'였습니다. 애플의 방식만을 강조했다면 그 의미가 전달되지 않을 수도 있었을 것입니다. 보통의 방식을 듣고 난 뒤에 애플의 방식을 들음으로써 애플의 독특함을 이해하게 됩니다.

생활 속에서 대조하라

◆ "이 집 생선회는 저렴해!"라고 말할 때 대조를 써볼까요?

"보통 광어 한 접시에 3만 원인데 이 집은 2만 원이야."

이렇게 생활 속에서 구체적으로 대조하는 습관을 들여봅시다. 상대가 못 알아들어 두 번 세 번 설명해야 할 일이 줄어듭니다. 메시지가 명확하니까요.

누군가 이 책에 대해 물어본다면 뭐라고 할 건가요?

"보통 책에는 설명만 많고 예시가 많이 없잖아? 이 책에는 저자가 직접 겪은 예시들이 많이 있어서 좋아. 그래서 책을 읽는 기분이 아니라 저자에게 직접 이야기를 듣는 기분이야."

이렇게 대답한다면 당신의 대조 스킬은 최고입니다.

사랑하는 사람을 칭찬할 때에도 대조를 이용하면 좋습니다.

"친구 아버지들을 보면 아버지처럼 꾸준하게 운동하지는 않으시더라고요. 아버지가 매일 꾸준히 운동하시는 모습이 자랑스럽습니다."

부모들도 자식에게 이렇게 말하는 건 어떨까요?

"아들, 다른 아들들은 게임하기 바빠서 엄마랑 이야기도 잘 안 한다던데, 엄마랑 대화해 줘서 고마워."

주변 사람과 더 좋은 관계를 원하는 사람이라면 칭찬할 때 어떻게 대조 스킬을 쓸 것인지 생각해 보세요.

힐링의 도구로 활용하자

♦   "마법은 중립이다."

『해리포터』를 쓴 J.K 롤링이 한 말입니다. 물건을 하늘로 날려버리는 마법이 있다면 이 마법은 좋은 마법일까요? 나쁜 마법일까요?

좋을 수도 나쁠 수도 있습니다. 마법의 주문을 외워 차에 깔려 있는 사람을 구한다면 좋은 마법이고, 차를 들어 사람을 깔아버린다면 나쁜 마법으로 쓰인 겁니다. 사람을 구할 때도 쓸 수 있고, 사람을 다치게 할 때도 쓸 수 있는 것이죠. 마법 자체는 중립이지만 어떻게 쓰느냐에 따라 달라질 수 있는 것 아닐까요?

그렇다면 이 효과적인 대조의 마법을 좋은 곳에 사용해야 합니다.

사람들이 제일 듣기 싫어하는 말이 '남과 비교하는 것'이라고 합니다. 그러니 대조를 좋은 곳에 적절히 쓰면 강력한 힐링의 도구가 되고, 나쁜 곳에 쓰면 킬링의 도구가 될 수도 있습니다.

효과적인 말하기 방법인 대조 스킬을 아름다운 도구로 활용하길 기대합니다.

구체적으로
진정성 있게 말하라

◆　　　　　　　　"선생님, 진정성이란 무엇인가요?"

제자의 질문에 선생님은 이렇게 답했습니다.

"다음에 밥 한 번 먹자."(A)

"이번 주 금요일 저녁 7시 신촌에서 만나 밥 먹을까?"(B)

"무엇이 더 진정성 있게 느껴지니?"

"두 번째입니다."

"그래, 맞다. 구체적으로 말할수록 진정성이 있다."

181

선생님은 말을 이어갔어요.

"'성실하게 공부하겠습니다'라는 말 대신 '수업 5분 전에 도착하겠습니다'라고 말하는 게 더 진정성 있다.

'책을 조금이라도 읽겠습니다'보다도 '하루에 5페이지라도 읽겠습니다'라고 말하는 게 더 진정성 있다.

'조금 늦을 것 같아요'보다 '10분 늦을 것 같아요'라고 말하는 게 더 진정성 있다."

그는 제자의 눈을 바라보며 마지막 말을 남겼습니다.

"기억해라. 구체성이 진정성이다."

구체적인 세 가지를 넣어 말하라

♦　　　　　　구체적으로 말하려고 노력했습니다. 덕분에 2010년에 있었던 '1억 상금의 영어 강사 TV 오디션'에서 우승할 수 있었습니다. 지금도 말을 잘하고 싶어 하는 사람들에게 강조하는 기본스킬이 바로 '구체적으로 말하기'입니다.

방법은 간단합니다. 구체적인 정보를 세 가지 곁들여서 말하는 거죠. 앞의 '숫자로 말하라'에서도 이야기했던 '3의 법칙'입니다. 세 가지 이상의 예를 붙여서 말하라는 것입니다

누군가 저에게 "영어공부는 어떻게 하셨나요?"라고 물으면 "유

명한 강연자들의 영어 강연으로 공부했습니다."라고 말하지 않고, "스티브 잡스, 오프라 윈프리, 브라이언 트레이시와 같은 유명한 강연자들의 영어 강연으로 공부했습니다."라고 대답합니다.

"왜 영어 문법 책 대신 스피치로 영어공부를 하셨나요?"라고 묻는다면 "공부하기 좋은 재료라서요."라고 답하지 않고, "유명 강연자의 스토리는 재미있고, 논리적이며, 마음을 움직이는 삶의 교훈도 배울 수 있기 때문입니다."라고 답합니다.

"스피치로 공부하면서 어떤 변화가 있었나요?"라고 묻는다면 "큰 변화가 있었습니다."라고 답하는 대신에 "그들의 스피치를 공부하며 영어뿐만 아니라 효과적으로 말하는 스피치 스킬도 배웠으며, 삶의 방향을 바꿔놓은 인사이트까지 얻게 되었습니다."라고 말합니다.

실제 강연에 쓰인 예시를 살펴볼까요?

구체적이고 진정성 있는 스피치

◆   2005년 스탠퍼드대학의 졸업식 강연 연사로 나선 스티브 잡스도 평소 아주 구체적인 스피치로 유명한데 "저는 어렸을 때 입양되었는데요, 생모는 저를 키울 상황이 아니었습니다."라고 말하지 않고 다음과 같이 구체적으로 이야기했습니다.

97%는 이렇게 말한다.

"저는 어렸을 때 입양되었는데요, 생모는 저를 키울 상황이 아니었습니다."

3%는 이렇게 말한다.

"제 생모는 어렸고, 미혼이었고, 대학원생이었습니다. 그래서 저를 입양 보내기로 결정했습니다."

"제 생모는 어렸고, 미혼이었고, 대학원생이었습니다. 그래서 저를 입양 보내기로 결정했습니다."

대학에서 자퇴한 이유도 "많이 힘들었습니다."라고 말하는 대신 다음과 같이 말했습니다.

"1) 잘 곳이 없어서 친구 기숙사 바닥에서 잤고, 2) 식비를 벌기 위해서 공병 회수를 했습니다. 3) 공짜 밥을 한끼 얻어먹기 위해서 7마일을 걸어서 힌두교 사원까지 매주 걸어가곤 했습니다."

캘리그래피 수업을 청강했던 첫 느낌을 설명할 때도 마찬가지 였습니다. 보통 사람 같으면 "캘리그래피는 멋졌습니다." 정도로 말했겠지만 잡스는 구체적으로 다음과 같이 말했습니다.

"1) 아름답고, 2) 전통적이었고, 3) 과학이 잡아내지 못하는 방식의 미묘함이 있었습니다."

스티브 잡스의 스피치는 구체적인 세 가지가 반복됩니다. 우연일까요? 이건 선택입니다. 스티브 잡스는 잘 알려져 있듯 미니멀리스트이자 완벽주의자입니다. 그가 선택한 숫자는 3이었습니다.

오프라 윈프리는 2008년 스탠퍼드대학 강연에서 이렇게 말했습니다.

제 인생 최고의 칭찬은 이거였어요. 한 리포터를 시카고에서 만났어요. 몇 년 후 같은 리포터를 다시 만났어요. 그녀는 말했어요. "오프라 윈프리! 하나도 안 변했네요! 훨씬 오프라 윈프리다워졌어요."

앞에서도 소개한 일화이지만 오프라 윈프리가 '시카고'라는 지명을 넣었기에 이 말하기는 훨씬 생생하고 구체적으로 변합니다. 이처럼 구체적인 정보가 나올수록 더 진정성이 느껴집니다.

제가 〈세상을 바꾸는 시간, 15분〉 무대에 섰을 때였어요. 어머니와의 통화를 재연하는 장면에서 "노량진역이었어요"라고 구체적인 동네 이름을 넣는 시도를 해보았습니다. 역시 구체적인 정보가 들어갈 때 진정성이 확보되더군요.

'숫자'와 '구체'는 다르다

◆ 　　　　앞에서 설명한 첫 번째 가이드였던 '숫자'는 말을 시작하는 방법입니다.

"세 가지로 말씀드리고 싶습니다."라고 말을 시작하면 계획적으로 스피치를 이어 갈 수 있습니다. 이는 듣는 이의 머릿속에 지도를 그려주는 겁니다. '앞으로 세 개의 섬을 돌겠다. 두 개의 섬을 돌겠다. 하나의 섬을 집중적으로 보겠다'라는 내비게이터 역할을 합니다.

하지만 여기서 다루고 있는 '구체'는 예시를 드는 방법이에요.

"저희 카페에는 1) 아메리카노, 2) 카페라테, 3) 핫초코 등의 다양한 차와 음료가 있습니다."라고 말할 때처럼 구체적인 정보 세 가지를 나열하는 것을 의미합니다. 정리하자면 '숫자'는 말을 시작하는 스킬이고, '구체'는 말을 채워 나가는 스킬입니다. 다음 예문에서 (A)는 '숫자'이고, (B)와 (C)는 '구체'입니다.

(A) 여름철에 인기를 끄는 영화에는 두 종류가 있습니다.

(B) 하나는 1) 트랜스포머, 2) 스파이더맨, 3) 어벤저스와 같은 액션영화입니다. (C) 다른 하나는 1) 링, 2) 컨저링, 3) 스크림과 같은 공포영화입니다.

여자친구가 "나 예뻐?"라고 물어볼 때 "응, 예쁘지!"라고 대답한다면 어떨까요? 너무 성의 없다고 생각할 수 있겠죠?

"예쁘지. 눈이 크고 맑고, 코도 오똑하고, 입술은 미국 여배우들보다 더 매력적이야."라고 말한다면 좀 더 구체적입니다.

"음식 맛있어?" 엄마가 물어볼 때 애써 식사를 차려준 엄마에게 "네."라는 대답은 아쉽습니다. 진심이 잘 전달되려면 구체적으로 말해야 합니다.

"엄마, 오늘 진짜 맛있네요. 밥도 찰지고, 국도 간이 딱이네요. 그리고 이 오이소박이는 마트에서 팔아도 될 정도로 맛있어요."

이렇게 대답하면 엄마는 활짝 웃으실지도 몰라요.

영화를 보고 나온 당신에게 "그 영화 어땠어?"라고 묻는다면 "재미있었어!"라고 대답하기보다는 "재미있었어. 배우들의 연기가 훌륭했고, 연출도 탄탄했던 거 같아. 무엇보다도 음악이 좋아서 귀가 호강하는 느낌이었어."라고 말한다면 그 말을 들은 친구는 영화관으로 달려갈 겁니다.

이처럼 생활 속에서 세 가지 예시를 습관으로 만들면 말하기의 클래스가 바뀝니다.

눈에 보이게
말하라

♦   "네, 그럼 제26회 청룡영화상 남우주연상 수상자를 발표하겠습니다."

청룡영화상 시상식장에서 배우 장동건이 잠시 뜸을 들인 뒤 수상자를 발표했습니다.

"〈너는 내 운명〉의 황정민"

무대로 걸어가며 쑥스럽게 웃는 황정민. 그는 알고 있었을까요? 오래도록 사람들의 머릿속에 잊혀지지 않는 멋진 수상소감을 자신이 할 거라는 것을?

황정민은 그날 이렇게 말했습니다.

"솔직히 저는 항상 사람들한테 그래요. 일개 배우 나부랭이라고. 왜냐하면 60명 정도 되는 스태프들과 배우들이 이렇게 멋진 밥상을 차려놔요. 그럼 저는 맛있게 먹기만 하면 되는 거거든요. 그런데 스포트는 제가 다 받아요. 그게 너무 죄송스러워요."

이 진솔한 수상소감의 힘은 대단했습니다. 수많은 말하기 특강을 다니며 1만 명이 넘는 사람들에게 물었습니다.

"기억에 남는 수상소감 있으세요?"

10명 중 8명 정도가 배우 황정민의 '밥상' 수상소감을 언급하더라고요. 나머지 2명은 "아름다운 밤이에요!"라고 인사했던 배우 장미희를 언급했는데, 나이 어린 사람이라면 모를 수 있어요.

TV로 그 장면을 지켜보던 사람들의 가슴에도 그 진심이 전달되었습니다. 이 수상소감은 심지어 국어교과서에도 수록되었습니다. 수많은 수상소감 가운데 황정민의 이 스피치가 특별했던 이유는 뭘까요? 그의 말에는 '눈에 보이는' 뭔가가 있었기 때문이에요.

속도를 보여주는 말이 있다

◆   말을 잘하는 사람들을 떠올려 봅시다. 그들의 재주는 다른 것이 아니라, '눈에 보이게 말하는 것'입니다. 그들의 말이 심지어는 라디오에서 흘러나와도 TV를 보는 것이나 다름없는 느낌을 받습니다. 그들은 우리의 눈앞에 홀로그램을 띄웁니다. 스피치 코칭을 할 때의 핵심 중 하나가 이것입니다.

"눈에 보이게 말하라."

〈말하는대로〉〈세바시〉의 출연자들을 만날 때도 저는 '어떻게 하면 이들의 이야기가 시청자의 눈에 보일 수 있을까? 입을 통해 나오는 단어들이 덩실덩실 춤을 추고, 오색을 뒤집어쓴 채 걷고 뛰고 날도록 할 수 있을까?'를 고민했고, 지금도 그 고민은 계속됩니다.

이 책을 읽는 여러분이 주목해야 할 부분도 이것입니다.

'어떻게 하면 눈에 보이게 말을 할 수 있는가?'

다음의 글을 보죠.

목동의 KT체임버홀은 500명의 관객들로 가득 찼습니다. 제 순서가 끝나고 해양모험가 김승진 선장님의 강연이 이어졌어요. 혼자 요트를 타고 지구 한 바퀴를 돌아오는 어려운 도전을 해낸 분인데, 강연을 들어보니 그것은 목숨을 건 도전이었어요. 오십이 넘은 나이에 선택한 모험 가득한 도전의 삶은 당연히 사람들의 이목을 집중시켰습니다.

그런데 강연 도중 배의 속도를 말하는 장면이 있었어요. 요트의 평균속도는 10km/h 정도라며, 그 속도를 이렇게 표현했습니다.

"요트의 평균속도는 시속 10㎞ 정도입니다. 주차장 내에서 달리는 자동차의 속도밖에 안 돼요."

그 순간 요트의 속도가 정확하게 이해됐어요. 눈에 보였기 때문이죠. 시속 10km라는 단위는 정확하기는 하지만 감각적으로는 이해하기 어려운데, 주차장에서 주차공간을 찾고 있는 차의 속도 정도라고 하니 이해가 되더라고요. 많은 강연을 들으며 말을 잘하는 사람들은 속도조차도 눈에 보여준다는 것을 배웠어요.

김승진 선장님의 원래 직업이 다큐멘터리 감독이라는 것을 알고 나자 모든 것이 이해되더라고요. '어려운 것을 쉽게 그리고 리얼하게 말하는 것' 그게 다큐멘터리의 역할이기 때문이죠. 얼마나 신박한가요? 주차장에서 움직이는 차의 속도라니! 눈에 보이느냐 안 보이느냐가 이런 차이를 만들어냅니다.

정확한 것 vs 통하는 것

✦　　　　　"오늘 추워?"라고 물었을 때 누군가 "17도야!"라고

대답한다면 대충 날씨가 짐작이 갑니다. 온도는 익숙한 단위이기 때문이죠. 이럴 땐 정확한 단위나 수치가 문제가 없습니다만, 다음과 같은 경우도 있습니다.

"오늘 미세먼지 농도가 어때?"

"응, 세제곱미터당 59.5마이크로그램이야."

미세먼지가 많다는 건지 괜찮다는 건지 알 수가 없습니다. 못 알아듣는 사람들이 꽤 많을 겁니다. 저처럼 아이를 키우는 사람이라면 저 말을 듣고 고민할 거예요. 아이와 함께 외출을 해야 할지 말아야 할지….

그런데 누군가 이렇게 말해준다면 어떨까요?

"59.5마이크로그램인데, 절대 나가면 안 돼. 작은 방에서 흙먼지 묻은 신발짝을 서로 팡팡 쳤을 때 정도로 공기가 안 좋은 거야. 미세해서 눈에 안 보일 뿐, 엄청 안 좋은 상태야."

정확한 단위를 쓰지 말자는 것이 아닙니다. 통하는 방식으로 말해야 할 때가 있습니다. 상대가 알아들을 수 있게 말하는 방법 중 하나가 바로 '눈에 보이게 말하라'입니다.

자동차를 구입할 때였습니다. 선팅의 농도를 결정해야 했어요. 자외선과 열을 차단해 주는 중요한 역할을 하는데, 5%, 15%, 50% 등의 숫자로 단위가 되어 있었죠. '숫자가 낮을수록 어둡습니다'

라고 설명되어 있었고, '15%는 아주 어둡습니다'라고 되어 있었어요. 그런데 '아주 어두움'이 어느 정도인지 알 수 없었는데, 블로그를 검색하다 고수의 설명이 눈에 띄었습니다.

50% = 코를 파고 있으면 횡단보도에서 웃습니다.

30% = 코를 파고 있는 운전자의 성별을 분간할 수 있는 정도입니다.

15% = 왼쪽 코인지 오른쪽 코인지 알기 힘든 정도입니다.

드디어 이해가 갔습니다. 눈에 보이게 말을 해주었기 때문이죠! 정말 탁월한 설명 아닙니까!

이처럼 어떻게 하면 눈에 보이게 말을 할까를 고민하는 것이 효과적인 말하기의 지름길입니다.

이미지는 강력하다!

♦   허성태 배우를 만났습니다. 코칭에 앞서 사전 미팅을 하는데, 그가 긴장을 많이 한다는 것을 느꼈어요. "회사생활은 긴장의 연속이었습니다"라고 말하는 그의 말을 듣고 이를 좀 더 잘 전달되게 바꾸고 싶었어요. 그래서 긴장된 모습이 눈에 보일 수 있도록 대본을 수정했습니다.

"저는 긴장을 많이 하는 사람입니다. 영화배우가 되기 전 회사에 다니면서
도 긴장을 많이 했습니다. 해외영업을 했는데, 매일 같이 러시아와 통화해
야 하고, 상사에게 보고해야 하는 긴장의 연속이었습니다. 1년 정도 지나
니 노트북의 키보드와 의자가 하얗게 변해 있었습니다. 긴장해서 흘린 땀
의 소금기 때문이었습니다."

- JTBC 〈말하는대로〉 허성태 편

"긴장을 많이 합니다"라고 말하면 어느 정도 긴장하는지 알 수
없겠죠. 그런데 '노트북과 의자가 흘린 땀의 소금기로 하얗게 변했
다'는 말을 듣는 순간 느낌이 팍 오지 않나요?

신혼여행을 다녀오며 해외 면세점에서 친구에게 줄 담배를 고
르고 있었습니다. 건강에 좋지 않지만 면세점에서 싸게 사다주면

좋아할 거라 생각했죠. 하지만 저는 담배를 사지 못했어요. 면세점에서 본 담배에는 끔찍한 사진들이 붙어 있었기 때문입니다. 폐암 환자의 시커멓게 변해버린 폐 사진, 흡연으로 인한 질환으로 목에 관을 꽂고 있는 사진, 부모의 흡연 때문에 기형으로 태어나 고통받는 아이의 사진 등이 담뱃갑에 붙어 있었어요.

'흡연은 폐암 등 각종 질병의 원인이 되며 내 가족, 이웃까지도 병들게 합니다.'

우리나라 담배에 붙어 있는 경고문입니다(그 당시만 해도 경고문만 있고 사진은 없었습니다). 이 경고문과 면세점의 담배에 붙어 있던 사진들은 똑같은 메시지를 가지고 있었지만 천지차이였습니다. 같은 메시지지만 사진이 훨씬 강력했죠. 그리고 알게 되었습니다. 사진을 보여주듯 말해야 한다는 사실을! 강력한 이미지의 힘을 활용해야 한다는 것을!

숫자로 정확함을, 이미지로 공감을

♦   세계 최고의 부자인 워렌 버핏이 '이번 달 수익이 좀 적다'라고 하는 것과 평범한 자영업자인 제가 '이번 달 수익이 좀 적다'라고 했을 때 '적다'라는 금액은 천문학적인 차이가 날 수 있습니다. 숫자로 정확한 수치를 말하지 않는 이상 이해는 불가능한 일

이지요.

급식 담당자 분들에게 강연한 적이 있었습니다. 일하는 곳의 규모를 물어봤더니 "작은 곳에서 일합니다"라고 말씀하시더라고요. 그래서 얼마나 작은 곳이냐고 물어봤더니 200명 정도가 먹는 식당이라고 해서 깜짝 놀랐습니다. 200명이 작은 숫자라고는 생각지도 못했기 때문이죠. 20명 정도라면 모를까!

하지만 그들의 세계에서는 작다고 할 수 있을 겁니다. 1,000명 넘는 곳을 담당하는 분도 있다고 하니 비교하면 작은 것이겠죠.

그렇다면 이 이야기를 처음 듣는 사람을 배려해 '작다'가 아니라 '200명' 정도라고 처음부터 말해주는 것이 좋을 것입니다.

그럼 이제 숫자와 이미지를 결합하는 연습을 해볼까요? 숫자를 쓰고 나면 눈에 보이는 것과 결합해 주는 것이 중요합니다. 이처럼 정확한 수치는 신뢰를 주고 눈에 보이는 표현은 공감을 줍니다.

97%는 이렇게 말한다.	**3%**는 이렇게 말한다.
교실이 크다.	100제곱미터, 고속버스 3대가 들어갈 정도로 큰 교실이다.
새로 나온 랩톱 컴퓨터가 얇다.	13.1mm의 두께인데, 당신이 손에 쥐고 있는 스마트폰 정도로 얇다.
야구장의 응원도구인 막대풍선 소리가 시끄럽다.	막대풍선의 소리는 100데시벨 정도인데, 이는 자동차 경적소리와 비슷하다.

196

◆   저는 손발에 땀이 많이 나는 다한증이 있습니다.

"손에 땀이 많아서 불편해요."라고 말하면 사정을 모르는 사람들은 잘 이해하지 못하죠.

저는 이렇게 말합니다.

"손에 땀이 많이 납니다. 학교에서 시험을 칠 때는 골판지를 손 아래에 깔아야 했어요. 종이가 땀에 젖어서 찢어질 정도였거든요. 오락실에서 게임을 하고 나면 게임기 조작 버튼 주변에 물이 고일 정도이고요. 버스 손잡이를 잡으면 땀이 흘러내리기도 합니다. 정말 불편해요."

친한 친구를 설명할 땐 또 어떻습니까?

"저는 친구 인한이랑 친합니다."라고 말하는 것보다 이렇게 말합니다.

"저는 친구 인한이랑 친합니다. 일주일에 2~3번 정도는 스마트폰으로 영상통화를 해요. 일, 읽고 있는 책, 각자 키우고 있는 딸에 관한 이야기를 나눠요."

"가수 '아웃사이더' 아세요? 참 싹싹하고 친절하더라고요."라고 말하는 것보다 저는 이렇게 말합니다.

"가수 '아웃사이더'가 제가 운영하는 학원에 온 적이 있어요. 교실에서 책상을 옮겨야 하는 상황이었는데, 자리에서 벌떡 일어나

더니 활짝 웃으면서 책상을 밀더라고요. 연예인에 대한 일반적인 선입견과 달리 매우 친절하고 적극적이었어요."

누군가 이 책이 어떻냐고 물어본다면 "재미있어!"라고 말하기보다 이렇게 표현해 보세요.

"서점에서 한 번 훑어보려고 집었다가 1시간 넘게 서서 읽었어."

"우와~ 정말 재미있나 보네."

친구는 당장 이 책을 주문할지도 모릅니다.

어제 본 영화에 대해 이야기를 나눌 때 "재미있었어!"라고 말할 건가요? 아니면 "손에 쥔 팝콘을 먹는 것도 까먹을 정도로 몰입했어!"라고 말할 건가요?

"눈이 많이 왔어."라고 말하는 것보다 "우리 집이 언덕인데 집 앞을 나서는 순간 평창인 줄 알았어. 스키점프대 앞에 서 있는 기분이었거든."이라고 말하는 것이 얼마나 재밌습니까!

97%는 이렇게 말한다.
"바지가 편하다."

3%는 이렇게 말한다.
"팬티만 입은 기분이다."

순간순간 스피드게임처럼 소통하면 말하기가 즐거워집니다. 멀리서도 저는 당신의 방청객입니다. 제가 보내는 마음의 박수를 꼭 들어주기 바랍니다.

아모르법칙으로
말하라

◆ 　　　　　그는 정말 소통의 달인이었습니다. 제가 몇 년 전에 만난 분인데요. 이분한테 아직까지 감사하고, 정말 대단한 사람이라고 생각해요.

영등포에 타임스퀘어라는 쇼핑몰이 있어요. 그곳에서 만난 한 세일즈맨의 이야기입니다.

아내의 노트북을 사려고 그곳을 찾았습니다. 한 바퀴 둘러보는데 노트북 앞에 '듀얼코어 / 쿼드코어' 이런 게 써있더라고요. 가격

200

은 10만원 정도 차이가 났어요. 어떤 차이가 있는지 보니까 '헤르츠' 숫자가 다른데, 그게 무슨 의미인지 제가 알 리 없잖아요.

그때 어떤 분이 다가오더니 기가 막힌 설명을 해주시더라고요.

"듀얼코어와 쿼드코어의 차이요? 간단합니다. 듀얼코어는 직원이 두 명이고 쿼드코어는 직원이 네 명인 거예요. 그러니 훨씬 빠르죠!"

이 말을 듣는 순간 '아! 직원 네 명!' 확 와닿았습니다.

무슨 주파수의 단위가 헤르츠라는데, 헤르츠의 차이로 노트북의 가격 차이를 제가 어떻게 알겠어요! 구세주를 만난 것 같았습니다. 그런데 두 번째 난관이 생겼어요. 쿼드코어는 또 3세대와 4세대가 나뉘어 있더라고요. 이건 뭐가 다르냐고 여쭤봤어요. 그분은 또 기가 막힌 설명을 해줬습니다. 한마디로 기대 이상이었어요.

"둘 다 네 명의 직원인데, 3세대는 일반 직원이고 4세대는 근육질 직원입니다."

97%는 이렇게 말한다.
"듀얼코어는 몇 헤르츠…"

3%는 이렇게 말한다.
"직원이 2명 vs 4명"
"일반 직원 vs 근육질 직원"

판매하는 분이 이렇게 설명해 주면 속이 시원하잖아요. 손님도 즐겁고 일하는 사람도 즐겁죠. 그분을 만난 게 밤 11시쯤이었는데, 그 시간에도 웃으면서 일하고 있었어요. '정상'에 오르는 삶도 좋지만 '일상'이 행복한 삶이 더 중요한 거 아닐까요?

이렇게 쉽게 자신이 판매하는 상품을 설명하는 것도 능력입니다. 너무나 소중한….

그분의 설명이 감탄스러웠던 이유는 '아는 개념'으로 '모르는 개념'을 설명해줬기 때문입니다. 헤르츠는 모르는 개념이죠? 하지만 '직원이 2명이고, 4명'이라는 개념은 너무 쉽게 이해할 수 있어요.

저는 이것을 '아모르법칙'이라고 부릅니다. '아는 것으로 모르는 것을 설명한다'는 의미입니다.

아모르법칙이란,
아는 것으로 모르는 것 설명하기

아모르법칙

◆ 　　　아모르법칙을 알게 된 슬픈 사연이 있습니다.

고등학교 때였어요. 좋아하는 사람이 생겼어요. 만날 때마다 장미꽃을 한 송이씩 선물했어요. 돈이 많아서 그런 건 아니었어요.

장미꽃이 그 당시에 2,000원 정도 했어요. 밥 한끼가 1,500원이었는데 밥을 안 먹고 꽃을 사서 선물했던 거예요. 아주 로맨틱했죠.

처음 사귄 여자친구니까 제가 얼마나 기뻤겠어요! 만날 때마다 장미꽃을 줬어요. 배는 꼬르륵거렸지만 정말 행복했어요. 잘해주고 싶었어요. 삐삐로 '공부 열심히 하고 있지? 나중에 독서실 앞으로 데리러 갈게'라고 음성메시지도 남겼어요. 뽀뽀는 안 했어요. "너 대학 갈 때까지 내가 지켜줄 거야."라고 말하면서. 그것 때문에 헤어졌는지 모르겠지만…. 그런데 차였어요.

꽃을 스무 송이 주기 전에 차였어요. '왜 그랬을까?' 궁금했어요. 정말 잘해줬는데…. '이렇게 살뜰히 챙겨줬는데 왜 날?' 궁금했어요. 친구들은 이런저런 이유를 계속 얘기하더라고요. 아무리 이야기를 들어도 이해가 안 갔어요. 그때 제 감수성이 너무 예민했나 봐요. 학교에서 조퇴하고 삭발까지 했어요. 마음이 너무 아팠어요.

그런 제 모습이 안타까워 보였는지 어느 날 여자 교생선생님께서 쪽지를 주셨어요. 그 쪽지에는 제가 평생 잊지 못할 한마디가 적혀 있었어요.

'민호야, 사랑은…'이라고 시작하는 글이었어요(지금은 그 쪽지를 잃어버렸지만 생생히 기억하고 있어요).

'민호야, 사랑은 바둑처럼 하는 거야. 한 수씩 번갈아 두는 거야. 너 혼자

두 수 세 수 두면 안 돼. 네가 다가간 만큼 그 사람이 다가올 자리를 기다려
줬으면 좋았을 거야.'

그 쪽지를 읽고 어렴풋이 깨달았어요.

'내가 혼자서 너무 다가갔구나. 혼자서 두 수 세 수 막 뒀구나!'

교생선생님은 사랑이라는 내가 '모르'는 개념을 바둑이라는 '구
체적인' 것으로 말해준 거예요.

저는 이 이야기를 아주 좋아합니다. 지금도 늘 생각해요. 사랑뿐
만 아니라 관계에도 늘 적용합니다. 학교나 직장에서도 새로운 사
람을 만났을 때 차근차근 다가가려고 해요. 제가 커피 한잔하자고
했을 때 상대방이 다음 제안을 해주기를 담담히 기다리고, 그 다음
에 내가 맥주 한잔하자고 제안하고 그렇게 천천히 기다리면서 관
계를 만들어 나가니까 좋더라고요. 교생선생님이 저에게 관계에
대한 큰 교훈을 준 거죠.

알고 있는 것에서 확장해 나가는 것이 가장 빠르게 배울 수 있
는 방식입니다. 세계적인 작가 알랭 드 보통도 이 방법을 썼어요.
이 작가는 이름은 보통인데, 통찰력은 보통이 아닙니다.

우리가 우리 마음을 가지고 20년 30년 또 평생을 살고 있지만
우리 마음에 대해 잘 모르죠. 그런데 알랭 드 보통은 이렇게 얘기
합니다.

"우리의 마음은 풍선과 같다. 우리의 에고나 자아상은 바람이 새는 풍선과 같아, 늘 외부의 사랑이라는 헬륨을 집어넣어 주어야 하고 무시라는 아주 작은 바늘에 취약하기 짝이 없다." ─『불안』알랭 드 보통

'마음은 타인의 의견에 영향을 많이 받는다'라는 말을 풍선에 비유해 아모르로 전달한 거죠. 뭔가 모르는 게 있을 때 설명하는 방식이 뭐라고요? 아는 것으로 이야기하는 겁니다.

법륜 스님의 다람쥐 이야기

◆　　　　　　'임시방편'이라는 말 들어보셨죠? 여기서 '방편'이 불교 용어래요. '어떤 목적을 위해 이용하는 수단이나 편리한 방법'이라는 뜻인데, 그래서 부처님은 상대방이 농부다 그러면 농부의 언어를 쓰고 그가 대장장이면 대장장이의 말을 써서 불교의 철학과 깨달음으로 가는 길을 쉽게 설명해 주셨다는 겁니다.

법륜 스님의 팟캐스트를 듣다가 그런 내용이 있었는데, 아모르 법칙이 기가 막히게 활용되어 있더라고요.

"직장생활을 하는데 너무 힘듭니다. 마음에 드는 사람은 없고, 가는 데마다 시비 걸고 미치겠습니다. 살 수가 없습니다."

한 상담자의 토로입니다. 그가 직장을 안 옮겨 봤겠습니까? 옮

겨 봤는데도 비슷한 일이 일어나니까 그랬겠죠?

법륜 스님이 이렇게 말씀하시더라고요.

"다람쥐처럼 살아봐요, 다람쥐처럼."

"다람쥐처럼 사는 게 무슨 말인가요? 저는 사람답게 살고 싶은데요."

"사람답게 못 사니깐 일단 다람쥐만큼 살라고 하는 거지!"

법륜 스님은 담담하게 말씀을 이어 갔습니다.

"산에 사는 다람쥐는 바위가 있으면 돌아가고, 나무가 있으면 올라타서 가고, 자기가 비켜나가지 '바위한테 비켜!' '나무한테 비켜!' 이렇게 안 하는데 인간만 남들한테 이래라저래라 하면서 스트레스받는다 말이에요. 주변 사람을 날씨라고 생각해 봐요. 날씨랑 안 싸우죠? 날씨 안 좋으면 우산 쓰는 거지, 날씨 보고 뭐라 해봤자 바뀔 게 뭐가 있겠어요? 주변이 자기 마음 같지 않아도 그런 사람들은 그러려니 하고 넘길 수 있어야 해요. 다람쥐처럼."

법륜 스님의 이 말씀은 불교의 '시비심'을 아모르법칙으로 설명한 것이에요. '시비심'은 옳은 것과 그른 것을 구분하는 마음이죠.

만약 "시비심을 버리세요!"라고 말했다면 상담자는 끝까지 이해하기 힘들었을 거예요.

추가 질문이 나왔습니다.

"제가 다람쥐처럼 살고 나서 사람처럼 살려면 어떻게 해야 합니까?"

법륜 스님은 이렇게 말씀하셨어요.

"사람처럼 사는 것도 알려 줄게요. 산에 다람쥐들은 바위를 넘어가거나 비킬 때 뒤의 다람쥐에게 손 벌려주지는 않아요. 다람쥐처럼 살고 나면 자기와 같은 처지의 사람들에게 손 내밀어 주세요. 그럼 그게 사람 되는 길이에요."

이 또한 불교에서 말하는 '자비'와 '보시'의 개념일 것입니다. 다람쥐를 통해 또 중요한 메시지를 쉽게 풀어 주신 겁니다. 아모르법칙은 어려운 개념을 쉽게 설명하도록 도와줍니다.

1억 상금 오디션 1등의 비밀

◆   '영어 강사 TV 오디션'에서 우승할 수 있었던 비결을 딱 하나로 알려달라고 묻는다면 '아모르법칙' 덕분이라고 말할 거예요.

아모르법칙이 활용된 수업을 들은 분들은 제게 이렇게 이야기합니다.

"15년 전에 이 수업을 들었으면 인생이 바뀌었을 겁니다."

15년 전 학교에 다닐 때는 영어가 너무 싫었는데, 이제는 재미있고 좋아졌다는 거예요. 동종업계의 많은 분들도 "많은 책을 봤지만 이렇게 쉽게 설명하는 것은 처음입니다."라고 제게 말했어요. 왜 그런가 했더니 설명하면서 저는 늘 아모르법칙을 쓰고 있었던 거죠.

기술은 사람을 돕는 거잖아요. 영문법도 사람을 도와야 하는데, 너무 복잡하면 사람을 괴롭힐 수 있겠죠? 아모르법칙을 활용해 가르치니까 사람들은 영어를 더욱 빨리 더욱 쉽게 이해할 수 있었어요. 간단한 영어수업 여기서 함께 해볼까요?

본드 아시죠. 본드는 딱 붙여 주잖아요. 영어에도 본드 같은 것이 있는데, 바로 that입니다.

사연을 붙이는 접착제를 영어로? That.

보통 '주어+동사'라고 말하죠? 이게 쉬운 말로 '사연'이에요.

'내가 먹은 음식'에서 '내가 먹은'이 음식에 대한 사연이에요.

'내가 보고 싶은 영화'에서 '내가 보고 싶은'이 사연이죠.

'내가 바라본 하늘'에서 '내가 바라본'이 사연이에요.

이제 접착제 that을 붙이고 사연을 붙이면 끝입니다. that을 붙이는 순간 그 뒤에 어떤 사연이든 붙일 수 있어요. 주어+동사를 영어 문법에서 '절(clause)'이라고 하는데, 그렇게 말하면 우리가 어떻게

알겠어요! 그래서 사연이라는 말을
쓰는 겁니다.

the food that I hate
내가 싫어하는 음식

  기존의 문법책에서 관계대명사
'that'을 설명하는 방식은 '선행사가
있을 때 뒤에 관계대명사 that이 수식하는 절을 이끈다'라고 말하
는데 이해하기 힘들죠? 중고등학교 때 영어공부 힘들었잖아요. 모
르는 사람은 당연한 거예요. 모르는 말로 모르는 것을 가르치니까
요. 저도 고등학교 때까지 계속 영어성적이 안 좋았어요. 그런데
이렇게 바꾸면 모든 사람이 다 이해할 수 있다는 겁니다.

  이런 기본적인 것들로 배우면 누구나 영어발표도 문제없다는
걸 확인했어요. 기본적인 수업들로 우리는 다 할 수 있다는 걸 몇
년째 확인하고 있어요. 수업을 들은 사람들은 '학교에서는 왜 이렇
게 안 가르쳐 주느냐?'고 물어봐요.

할머니에게 스마트폰 설명하기

  ♦   만약 할머니께 스마트폰에 대해 설명하라고 하면
쩔쩔매는 사람들이 많을 거예요. 어떤 사람들은 이렇게 시작하겠죠.

  "할머니, 미국 실리콘밸리에 애플이라는 회사가 있어요. 스티브
잡스라는 사람이 만든 회사인데…."

할머니는 십중팔구 고개를 저으실 거예요.

말 잘하는 사람들이라면 아모르법칙을 쓰겠죠.

"할머니, 전화기 아시죠?"

"응. 알지."

"컴퓨터도 아시고, 전축도 아시잖아요?"

"응. 알지."

"그 모든 것들이 다 들어간 전화기가 이거예요! 똑똑한 전화기죠?"

"아이고, 참 똑똑한 전화기네!"

"똑똑한을 영어로 스마트, 전화기를 폰이라고 해서 '스마트폰'이라고 불러요."

할머니에게 딱 필요한 만큼 설명할 수 있으니 얼마나 놀랍습니까!

아내와 태국여행

◆   아내와 태국에 여행을 갔어요. 제 아내가 말을 잘해요. 말하기 고수예요. 태국 가서 처음 도착한 곳이 '카오산 로드'라는 곳인데 제가 아무것도 모르고 따라간 여행이었기 때문에 어떤 곳이냐고 아내에게 물어봤어요. 아내가 말을 못하는 사람 같았으

면 "음식점도 많고 외국 사람들도 많고 쇼핑할 곳도 많은 곳이야."라고 말했겠죠. 아내는 딱 한마디만 했어요.

"태국의 이태원!"

이틀 뒤 한 시간 정도 차를 타고 이동을 했어요. 시내로부터 꽤 떨어져 있는 유명한 유적지였어요. 가는 길에 물어봤죠.

"오늘은 우리 어디 가는 거야?"

"응, 경기도 수원!"

상대방이 아는 것에서 출발하면 쉽고 즐거워요. 상대방이 아는 게 뭔지 모르니까 자꾸 어려운 말을 쓰는 거 아닐까요? 잘 전달하려면 상대방이 아는 것으로 모르는 것을 설명해야겠지요.

힙합 팬들을 충격에 빠뜨린 에미넴 하트 퍼포먼스

◆   래퍼 에미넴이 내한해 무대에서 하트 퍼포먼스를 했습니다. 이는 매우 충격적인 일이었습니다. 미국은 물론이고 세계 어디에서도 본 적이 없는 퍼포먼스였어요!

현대카드 슈퍼콘서트에서 한국 팬들이 에미넴 노래 거의 전곡을 다 따라 불렀습니다. 떼창이라고 하죠? 에미넴이 크게 감동했는지 팬들을 향해 하트 퍼포먼스를 한 거예요.

에미넴을 잘 모르는 사람들은 이렇게 말할 겁니다.

"그게 뭐가 대단해?! 가수가 팬들에게 하트를 하는 게 뭐가 어렵다고?"

그런데 인터넷에 누가 댓글로 이렇게 표현하니 이해가 팍 되더라고요.

"이 사건은 유느님이 공중파에서 쌍욕 하는 것과 같은 급의 충격이라 함."

조회 471,542회

에미넴 - Lose Yourself 한국떼창 하트

내한했는데 거의전곡을 떼창하는 한국에 감동먹어서나온 에미넴의 하트 퍼포먼스 이 사건은 유느님이 공중파에서 쌍욕하는것과 같은급의 충격이라함

유느님이 누구죠? 유재석을 말한 거예요. 유재석이 쌍욕 한다는 게 어떤 의미입니까? 우리가 아는 한 그럴 리가 없잖아요!

이걸 바로 '필력'이라고 하죠. 글을 쓸 때 딱 이렇게 쓰면 입에 확 씹히는 거예요. 육즙이 팍팍 들어오면서 씹고 뜯고 맛보고 즐기는 그 순간순간이 정말 즐거운 거예요. 그래서 그 글을 끝까지 안 읽을 수 없고 그 말을 끝까지 안 들을 수 없게 되죠.

'말을 쫄깃하게 한다'라고 할 수 있는데 결국 이렇게 표현할 수 있는 능력, 상대방이 아는 것으로부터 출발하는 게 바로 아모르법칙입니다.

아토피의 아픔

♦ 제 영어수업을 들은 수강생 중에 정회도라는 유명한 타로 마스터가 있어요. 이분은 무한도전 멤버들의 타로도 봐주신 분이에요. SBS 공채 개그맨 출신이니까 말을 얼마나 맛깔나게 하겠습니까?

이분이 아토피가 있는데, 그 괴로움에 대해 영어로 발표했습니다.

아토피를 앓는 사람들 중 97%는 이렇게 얘기합니다.

"아토피 때문에 너무 괴로워요."

혹시 주변에 아토피로 고생하는 분 있나요? 저는 아토피에 관심이 없던 사람이라 잘 몰랐어요. 사람은 자기가 안 겪으면 잘 몰라요. 재수해 본 사람이 재수생 마음을 알지, 겪지 않은 아픔은 잘 모르죠.

그런데 저희 조카가 아토피가 있어요. 그래서 "삼촌 가려워"라고 말하는데 이게 어느 정도인지 잘 모르겠는 거예요. 알아야 좀 위로를 해줄 텐데…. 그런데 그분이 영어로 발표하는 날 이렇게 표현했어요.

"저는 아토피를 심하게 겪었습니다. 그 고통은 마치 달궈진 프라이팬에 올라가 있는 느낌이었습니다."

우리가 뜨거운 냄비나 프라이팬에 한 번씩 살짝 데어본 경험은 있잖아요? 살짝 데어도 얼마나 따가운데…. 아토피가 얼마나 힘든 병인지 그의 표현으로 정확하게 알게 되었습니다.

그 이후로는 조카가 "삼촌, 가려워" 할 때마다 제 살이 불에 덴 것처럼 느껴지더라고요. 이렇게 설명하는 방법이 바로 뭐라고요? 아모르법칙입니다.

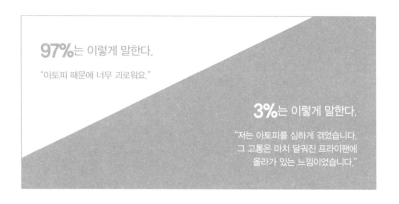

97%는 이렇게 말한다.
"아토피 때문에 너무 괴로워요."

3%는 이렇게 말한다.
"저는 아토피를 심하게 겪었습니다.
그 고통은 마치 달궈진 프라이팬에
올라가 있는 느낌이었습니다."

면접과 아모르법칙

♦ 한 친구가 면접을 준비하고 있었어요. 면접 예상문

제 중 하나입니다. "CSR이 무엇인지 누구나 이해할 수 있게 설명하세요(1분)" 여러분이라면 어떻게 설명하겠어요?

CSR(Corporate Social Responsibility)
기업이 생산 및 영업활동을 하면서 환경경영, 윤리경영, 사회공헌과 노동자를 비롯한 지역사회 등 사회 전체의 이익을 동시에 추구하며, 그에 따라 의사결정 및 활동을 하는 것을 말한다.

쉽게 말해 삼성이 강연장을 무료로 제공한다거나 LG가 거리 청소를 한다거나 이런 것들이 기업의 사회적 책임이에요. 그런데 면접에서 이런 거를 어떻게 설명해야 할까요?

제 수업을 듣는 홍석이라는 친구는 아모르법칙을 활용해 이렇게 말했어요.

〈육남매〉라는 드라마가 있었습니다. 어머니 장미희는 장남의 성공을 위해 열심히 일했습니다. 자기의 편안함보다도 장남을 위해 공장에서 밤낮으로 일을 했습니다.
나머지 자식들도 마찬가지였습니다. 오빠와 형의 성공을 위해 학교도 다니지 않고 공장에 다니면서 장남을 도왔습니다. 장남은 가족의 바람대로 마침내 좋은 대학을 거쳐 좋은 회사에 들어갔습니다.

장남은 사회적으로 성공하게 되었을 때 그동안 자기를 돌봐준 엄마와 동생들에게 보답해야 될 도의적 책임을 가지고 있습니다. 장남은 당연히 자기 성공의 대가를 가족과 나눠야 합니다.

기업도 마찬가지입니다. 우리나라의 삼성과 LG, SK와 같은 대기업들은 60~70년대 국가나 우리 국민의 전폭적인 지지와 도움으로 성장할 수 있었습니다. 오늘날 세계적인 기업이 되었으므로 그 혜택을 우리 국가와 국민들과 나누는 것이 당연합니다. 기업의 사회적 책임, 영어로 Corporate Social Responsibility 즉 CSR이라고 합니다.

이렇게 얘기하는데 누가 뽑지 않을 수 있겠습니까? 이 친구라면 의사소통 능력이 뛰어나니까 '뭘 시켜도 잘하겠다'라는 믿음이 들겠죠. 누군가에게 자기의 생각을 잘 전달할 수 있는 사람, 멋지지 않습니까? 민홍석이라는 친구입니다. 홍석이는 지금 원하던 회사에 취직해 잘 다니고 있어요.

적절하고 재치있는 설명은 분위기도 더욱 흥겹게 합니다. 상대가 쉽게 이해할 수 있는 언어로, 상대방이 아는 개념으로 대화를 바꿔줄 수 있어야 합니다. 누군가와의 소통을 간절히 바란다면 말입니다.

조각칼.럼!

무라카미 하루키의
자소서 특강

"인생을 어떻게 한 페이지에 담을 수 있냐고!"

한 대학생이 머리를 쥐어뜯고 있었다. 그리고 그는 세계적인 작가 무라카미 하루키에게 편지를 보냈다. 세계적인 작가니까 답을 해줄 수 있을 거라고 생각했다.

"어떻게 인생을 한 페이지에 담을 수 있을까요? 당신은 할 수 있겠습니까?"라고 물었다.

하루키가 답장을 보내왔다.

"나도 못한다. 어떻게 사람의 인생을 한 페이지에 담을 수 있겠나! 하지만 '굴튀김을 맛있게 먹는 법' '내가 좋아하는 노래'에 대해 쓰라고 하면 한 페이지라도 쓸 수 있다. '어제 봤던 영화'에 대해서라면 충분히 쓸 수 있다."

그는 계속 말했다.

"그렇다. 아침에 있었던 일을 한 페이지로 써보라고 하면 한 페이지에 담을 수 있다."

하루키는 덧붙인다.

"그 한 페이지에 뭐든 쓰다 보면 당신이 누군지 드러나게 돼 있다."

그 과정을 쓰다 보면 어떤 사람인지 드러난다는 것이다.

'혼자 있는 걸 좋아하는구나. 사람들과 함께 하는 걸 좋아하는구나.'

'튀김가루가 없어서 밀가루를 썼네, 융통성이 있구나.'

'밀가루로 해도 되는데 마트에 사러 갔구나, 원칙을 중시하는구나.'

'쉽게 설명하려 하는구나, 소통능력이 있네.'

'어려운 말을 쓰는구나, 지식이 있네.'

무슨 글을 쓰든 그 안에는 아이덴티티, 즉 나 자신이 드러난다는 거다.

고민상담 토크쇼 〈안녕하세요〉에 나온 한 가장이 "저는 아이들에게 참 잘합니다."라고 말하면 사람들은 믿지 않는다. 어떤 행동을 했는지 물어본다. 그의 주장이 아닌 그가 한 행동으로 판단한다.

마찬가지로 사람들은 그의 주장을 듣고 판단하는 게 아니라 그가 쓴 글을 보면서 느낀다.

'화끈한 성격이구나. 소심한 면이 있구나.'

'사소한 것에도 감사하는구나. 사소한 것에 화가 많구나.'

자소서 같은 곳에 '저는 긍정적인 사람입니다'라고 썼다고 해서 사람들은 당신을 긍정적이라고 판단하지 않는다.

그런데 글을 읽다 보면 '아, 어떻게 이런 생각을 했지? 참, 긍정적인 사람이네'라고 생각할 수 있다.

지금 우리가 쓰고 있는 글은 모두 자기소개서라고 생각하자. SNS에 쓰든, 화장실 담벼락에 쓰든 그 안에 내가 있다. 오늘이든 내일이든 누구랑 만나서 이야기를 할 때 그 순간순간 자기가 드러나게 되어 있다.

자기소개서를 쓸 때 자기에 대해 추상적으로 표현하지 말고 '내가 누군지 알고 싶다'라고 생각하며 써보자. 마치 제3자를 보듯이 자신의 글을 보면 자기를 확신할 수 있을 것이다.

'어둠을 탓하는구나, 어둠 속의 촛불이 되려 하는구나.'
'비를 탓하는구나, 비 뒤의 무지개를 기다리는구나.'
'진흙 속에 있구나, 진흙 속에서 연꽃을 피우는구나.'

"오늘의 말을 잘 조각하면 내가 드러난다.
자기소개서는 따로 있지 않다.
오늘 내가 쓴 글이 나의 자기소개서다."

★
진실한 소통에는 힘이 있습니다. 멋진 말보다 진실한 눈빛이 더욱 많은 것을 전달할 때가 있습니다. 삶이라는 학교, 오늘이라는 교실에서 겪는 수많은 문제들은 '인생수업'입니다. 직장동료, 부모님, 자녀, 친구들과의 소통문제는 어떻게 풀어야 할까요? '어떻게 말할까?'를 넘어 '어떻게 소통해야 하는가?'에 대해 고민해 봅시다.
Part 5에서는 내 인생과 함께하는 소중한 사람들과의 소통방법에 대해 이야기해 봅니다.

진실한
소통은
힘이 있다

Part 5

화가 날 땐
향나무처럼 말하라

나는 성격이 급했고, 화를 잘 냈다. 욕심이 많았고, 내 뜻대로 되지 않으면 미간 주름이 어느덧 세 갈래 물길을 만들었다. 어머니는 그 주름이 복을 앗아간다며 나를 혼내셨다. 나는 그 말에 더 짜증을 냈다.

중학교 1학년 때 필통에 있는 모든 볼펜을 부서뜨렸다.

"민호야, 그러지 마. 화난다고 그러면 안 돼."

화를 못 이겨 볼펜을 부수고 집어 던지던 나에게 한 여학생이

울먹이며 말했다.

부끄러운 기억이다. 그런데 나이가 들어서도 나는 별로 달라지지 않았다.

"나한테 잘해주는 사람에게는 두 배 세 배로 잘해줄 거야. 하지만 나를 이용하려고 하거나 피해를 끼치면 똑같이, 아니 두 배 세 배로 돌려줄 거야. 그게 내 방식이야."

세상이 주먹을 휘두르면, 나는 두 주먹을 질렀다. 나는 그런 놈이었다.

꽃을 전한 손에는 꽃향기가 남고, 똥을 던진 손에는 똥냄새가 남는다.

그렇게 화를 내면서 행복했을 리가 없다. 고치고 싶었다. 오래도록 나는 나를 짜증 나게 하는 상황에서 어떻게 대처해야 할지를 몰랐다. 젖은 옷을 왜 입냐고 묻는다면 마른 옷이 없기 때문이라고 답할 수밖에 없던 삶이었다.

"화난 말에 화난 말로 답하지 마라. 싸움은 두 번째 화난 말에서 시작된다. 향나무 같은 사람이 되어라. 훌륭한 사람은 향나무 같은 사람이다. 자신을 향해서 내리찍는 도끼를 향해 향기를 내뿜는 향나무 같은 사람이 되어라."

어느 날 『법구경』에서 읽은 이 구절이 도서관에서 원하던 이상형을 스쳐 만난 듯 잊히지 않는다. 향나무라는 이미지는 내 오랜 질문의 명쾌한 해답으로 다가왔다.

되돌아보니 향나무 같은 사람들을 많이 만났다. 내가 도끼처럼 내뱉은 말에 오히려 향기를 내뿜은 사람들이 나를 키웠다. 정말 이 기적으로 필요할 때만 연락했는데 "민호야, 필요할 때면 언제든지 연락해라"라고 삶으로 말해주던 사람들이 있었다. 나라면 "필요할 때만 연락하네"라며 짜증을 낼 장면에서 그들은 달랐다.

구급차 소리에 짜증이 나면 그 안의 사람을 위해 기도하라고 했다. 그 안에 당신의 가족이 있을 수도 있고, 언젠가 그 구급차에 있게 되었을 때 당신도 그 기도의 힘을 느끼게 될 것이라고 했다.

운전하다 쌍욕을 하면 차 안에 있는 나와 내 가족만 듣는다. 내 입에서 가장 가까운 건 내 귀다. 그 짧은 거리를 인식한 순간, 짜증이 조금씩 줄어든 것 같다. 누군가 화를 내도 나를 보호하고 그 사람도 보호해야겠다는 생각이 들었다. 훌륭한 분들은 그렇게 사셨더라.

"그 집에 들어갈 때는 평안을 빌라. 그 집이 평안을 받을 만하면 그 평안이 거기 머물 것이고 그렇지 않으면 그 평안이 너희에게 되돌아올 것이다."

마태복음에 나오는 한 구절이다. 부메랑이 되어 돌아와도 좋을
말들만 하고 살아야겠다는 생각이 든다. 화난 사람에서 환한 사람
으로 바뀌고 싶다.

그래, 수취인 불명으로 반송되어도 좋을 그런 말을 해야겠다. 향
나무처럼 살면 좋겠다. 아내와 내 딸에게 매일 아침마다 해주는 말
이 있다.

감사행!

감(사합니다) 사(랑합니다) 행(복합니다)

이 글을 읽는 분들에게도 말하고 싶다.

감사합니다. 사랑합니다.

내 아이와의
소통법

〈프린세스 메이커〉라는 게임에 빠졌던 적이 있다. 오래 전이다.

제목 그대로 아이를 '공주'로 키우는 것이 목표였다. 캐릭터에 '초희'라는 이름을 붙였는데 '나중에 아이가 생기면 그 이름을 줘야지'라는 생각도 했다. 초희를 귀하게 여겼고 훌륭하게 키우려고 노력했다. 좋은 음식만 먹이고, 좋은 옷만 입히고, 교육도 받게 했다.

지금 생각해 보면 '공주'로 만들겠다는 생각을 했던 거 같다. 초희를 '귀하게' 여긴 게 아니라 '귀한 사람'을 만들려고 했던 것이다. 우리 어머니는 나를 어떻게 키웠는지 돌아봤다.

"민호야, 200원 줄 테니까 오락실에 갔다 온나."

초등학교 3학년 때 어머니는 처음 나를 오락실에 보내주셨는데, 이는 파격적인 제안이었다. 오락실에 몰래 갔다가 부모님에게 귀때기를 잡혀 끌려가는 일이 심심찮게 발생하던 시절이었다.

얼떨떨했는데 엄마의 주장은 "스트레스를 받으면 안 된다"는 것이었다. 책 읽기 싫으면 만화책을 보라고 하셨다. 그래서 눈치 안 보고 『드래곤볼』이나 『슬램덩크』를 정독했고, 너무 재밌어서 다시 보고 다시 봤다. 이것 또한 파격적이었다. 이유는 역시나 '스트레스 받으면 안 된다'였다. 그 뒤로도 수많은 삶의 장면에서 '스트레스 받으면 안 된다'라는 엄마의 배려는 계속되었다.

내가 컴퓨터 프로그래머가 되고 싶다고 했을 때도, 고2 때 극단에 들어갔을 때에도, 가수가 되고 싶다고 했을 때도 엄마는 늘 '스트레스 받으면 안 된다'며 하고 싶은 일을 하라고 하셨다. 고2 때 야동을 보다가 걸렸을 때도 마찬가지였다. 매우 당황하셨지만 곧 평온한 얼굴로 다시 돌아와 "그 나이 때는 누구나 그럴 수 있다"며 이해해 주셨다.

지금 생각해 보면 엄마는 나를 '귀한 사람'으로 키운 게 아니라 나를 '귀하게' 대해 주신 것 같다.

엄청나게 혼난 기억도 있다. 놀이동산에서 내가 무슨 일로인가 기분이 나빠 뾰로통해 있을 때였다. 주변 사람들이 다 쳐다볼 정도로 엉덩이를 팡팡 맞으면서 혼났다. 요즘이라면 신고도 당할 수 있을 정도의 매운 매였다.

엄마의 논리는 '화난다고 입을 닫으면 나중에 너랑 지내게 될 사람 평생 고생시키게 된다'는 것이었다. 오락실도 보내주고, 만화책도 읽게 하고, 야동 봐도 용서해 주셨는데…. 삐치고 말 안 했다고 놀이동산에서 두드려 패신 거다.

'말대꾸하는 상대'보다 '말대꾸조차 하지 않는 상대'를 만났을 때 진짜 무시당했다는 생각이 든다. 결과적으로 다른 사람을 귀하게 여기라는 엄마의 메시지다. 스트레스 받았다고 다른 사람에게 스트레스를 주면 안 된다는 것이었다.

나는 아직도 감정 컨트롤이 부족하지만 엄마의 교육 효과는 살면서 여러 번 증명되었다. 결국 상대를 무시하면 무시당하게 되고, 상대를 귀하게 여기면 귀하게 대접받는다. 이 진리는 누구나 알고 있는 대로 삶의 황금률이다.

엄마는 나를 그리도 '귀하게' 대접해 주었건만 죄송스럽게도 나는 여전히 망나니 같다. 그래도 이제는 나이가 들어 내 교육의 책임자는 바로 나라는 것을 잘 알고 있다. 엄마는 할 일을 다 하셨다.

내가 부족한 거지.

나도 엄마가 나를 귀하게 여겨주셨듯이 '스트레스 받지 않게' 나를 귀하게 사랑해 주면서 '타인과 소통하며' 타인을 귀하게 여기는 교육을 스스로 하려고 노력 중이다.

그것이 내 삶의 목적이다. 내 삶이 즐겁고, 내 삶으로 타인을 즐겁게 해주는 것. 그렇게 해서 엄마가 옳았다는 것을 증명하고 싶다.

스스로를 귀하게 여기는 사람들이 많아졌으면 좋겠다. 스스로를 존중하는 것. 그것이 자존감이다. 스스로를 존중하는 사람이 상대를 존중하고, 그 존중이 씨앗이 되어 세상으로 퍼져 간다.

타인을 위로하는
소통법

후배의 아버지가 돌아가셨다. 장례식장으로 향하며 검은 넥타이를 맸다. 건물 입구에서 담배를 피우는 사람들을 지나 지하로 내려가는 계단쯤에서 옷을 매만졌을 것이다. 모르는 이들의 흐느낌을 지나 아는 이의 슬픔에 닿아 향을 피웠을 것이다. 고인에게 절을 하고 상주인 후배에게 뭐라고 말을 했을 것이다. 몇 년 전 나는 무심코 그렇게 위로의 말을 건넸을 것이다.

1년 뒤 그 후배를 만나 밥을 먹었다.

"형, 정말 고마웠어요. 많은 사람들 중에서 형이 가장 큰 위로가 되었어요."

순간 머릿속에 물음표가 떴다. '내가 뭐라고 했지?' 아무것도 기억나지 않았다. 대화를 나누면서도 내 머리는 온통 그 생각뿐이었다. 떠올리려 했지만 실패였다. 기억해 내고 싶었다. 내가 한 말이 가장 큰 위로가 되었다니, 너무 궁금했지만 쑥스러워 묻지 못했다. '진짜 위로'의 비법을 알고 싶었다. 며칠이 지나도 내가 건넸던 위로의 말은 떠오르지 않았다.

결국 4개월 뒤 조심스럽게 물었다.

"○○아, 미안한데⋯ 1년 전에 내가 너에게 뭐라고 했노? 내가 뭐라고 했길래 니가 그렇게 위로를 받았는데?"

후배는 놀라운 이야기를 해줬다.

"아무 말씀 안 하셨어요. 많은 사람이 많은 위로를 해줬는데, 형님만 끝까지 아무 말씀 안 하셨어요."

아무 말도 하지 않았단다. 안아주고, 손을 잡아주고, 눈으로 말하고 그냥 갔단다. 나는 무슨 말을 해야 할지 몰랐던 것 같다. 나는 부모님을 잃어본 적이 없기에 그 슬픔이 뭔지 헤아릴 수 없었다. 잘 몰라서 아무 말도 못했는데 그게 가장 큰 위로가 되었다고 하니 깜짝 놀랐다.

가족을 잃은 슬픔의 순간, 얼마나 힘들고 역설적인 순간인가. 혼자 있고 싶은 권리보다 손님을 맞아야 하는 의무가 더 크다. 한 번도 열기 힘든 입을 수없이 열어 말을 해야 한다. 어찌 보면 무자비한 순간, 아무 말 없이 옆에 있어 주는 것이 얼마나 큰 위로가 될 수 있는지 처음으로 알게 되었다.

말은 소통의 도구 중 하나일 뿐이다. 소통이 중국집이라면 말하기는 짜장면이다. 중국집에 꼭 짜장면만 있는 것이 아니듯, 소통을 위해 꼭 말을 할 필요는 없다.

아내에게 묻는다.

"나 이거 사도 돼?"

아내가 말하지 않아도 나는 살 수 없다는 것을 안다. 눈으로 싱크대를 쳐다보기만 해도 설거지하라는 뜻임을 안다. 청중들이 하품하면 분위기를 바꿀 뭔가가 필요함을 안다.

꼭 말을 해야 할 필요는 없다. 손이 안 닿는 김치를 가까이 옮겨주고, 더울 때 부채질 해주고, 달려오는 누군가를 위해 엘리베이터에서 '열림' 버튼을 눌러주는 일처럼 말없이도 소통할 수 있다.

면접이나 발표를 앞두고 있다면 열심히 준비해서 멋지게 말하는 게 좋은 소통이지만, 위로해야 할 때 억지로 무슨 말을 하지 않아도 소통이 가능하다.

당신이 눈앞에 있다면 말없이 따뜻한 응원의 눈빛을 보내고 싶다. 그라운드에서 상대 팀으로 만났던 박지성과 이영표가 아무 말 없이 서로의 손을 잡았던 것처럼, 가만히 손을 잡아주고 싶다.

말 많은 세상에서 아무 말 없이….

나와의
소통법

시들시들 힘을 잃어가는 고무나무 화분을 햇빛 근처로 옮겨주었다. 살려 보려고 영양제도 놓아주었다. 사랑한다고도 속삭여 주었지만 모두 소용이 없었다. 허리까지 닿던 큰 나무는 결국 운명을 다했다. 위풍당당 진초록 잎을 뽐내던 나무는 잘 죽지 않는다는 고무나무의 전설이 무색하게 바짝 시들어 버렸다. 더는 그냥 둘 수 없어 근처 꽃집으로 들고 갔다.

"이런 나쁜 사람들!"

뿌리를 뽑아내던 꽃집 아저씨가 말했다. 나한테 하신 말씀인 줄 알았는데 아니었다. 나무는 처음부터 죽을 운명이었단다. 놀랍게도 나무의 뿌리가 작은 플라스틱 안에 담겨 있었다. 뿌리가 성장하지 못해 말라 죽은 것이다.

업자들이 옮겨 심을 때 실수를 한 것이다. 덩치는 커졌으나 뿌리는 작은 감옥 속에 갇혀 있었으니 애초에 예정된 이별이었다. 물을 주고, 햇볕을 쬐어도 소용없었다. 나무의 심장인 뿌리가 정지한 것이다.

나무와 같은 상황이 나에게도 있었다. '난 안 돼!'라는 무의식적 독백이 있었다. 과도한 입시 경쟁 속, 자아의 그릇은 작을 수밖에 없었다. 열심히 노력해도 옆자리 친구에게 뒤처졌다. 중간고사나 기말고사가 끝나면 몇몇 승자만 박수를 받았고 나를 포함한 95%는 패배자가 되었다. 마음속 깊은 곳에 '해도 안 될 거야'라는 체념이 뿌리를 내렸다. 주변의 격려도 소용없었다. 마음의 뿌리가 작은 플라스틱 통에 갇혀 있으니 나는 점점 말라갔다. 자신감을 잃었다.

"난 아이를 낳으면 꼭 뮤지컬을 시킬 거예요. 전문 배우를 말하는 게 아니에요. 무대에 꼭 서보게 할 거예요."

얼마 전 뮤지컬 공연을 끝낸 한 친구의 말이다. 취미로 시작한 아마추어 뮤지컬이었다. 잘하는 사람만 승자가 되는 입시와는 달리 노력한 모두가 승자가 되는 곳이 바로 무대이다.

나 역시 그렇게 자신감을 얻었다. 고등학교 때 연극부 활동을 시작했다. 청소년 극단에 참가해 삼천포 구민회관에서 순회공연도 했다. 미국 교환학생 시절에는 뮤지컬, 합창단, 밴드 등의 경험을 거쳤다. 왜 그렇게 무대를 좋아했을까 생각해 보니 내 뿌리를 키우는 일이었다. 경쟁할 필요 없이, 하나의 목표 아래 서로 협력하는 활동이었다.

무대 경험은 뿌리를 가둔 내 플라스틱 감옥을 깨는 망치였다. '나도 할 수 있다'는 자신감이 조금씩 생겼다. 그 몽글몽글한 것이 바로 자신감이었다.

세상을 떠나기 직전 『마지막 강의』를 남긴 랜디 포시 교수는 자신감을 이렇게 정의했다.

"할 수 없을 것 같은 일을 해낼 때 생기는 감정이 자신감이다. 그렇기에 그것은 부모님이나 선생님이 줄 수 없다."

학교 공부는 나의 자신감을 잃게 했다. 잘할 수 있을 것 같았지만, 승리의 기쁨은 소수에게만 돌아갔다. 무대는 반대의 경험을 주었다. 2~3개월 간의 연습 동안 '내가 할 수 있을까?' 자기불신이 가득했지만, 무대에 올라가면 놀라운 일이 일어났다. 관객들의 반짝이는 눈빛과 공연장을 뚫고 오는 환호 속에 불안은 깨끗이 씻겨 내려갔다.

경쟁에서 벗어난 일은 휴식이 되었고 내게 자신감을 주었다. 연주할 수 없을 것 같았던 어려운 곡을 연습하면 2~3개월 뒤엔 손가락이 자동으로 움직였다. 그림 그리기, 글쓰기 등 타인과의 경쟁 없이 이뤄내는 작은 성취의 경험들이 모이면서 나는 조금씩 달라졌다. 20대에 이런 경험을 한 것은 행운이었다. 작은 자신감들이 쌓였기에, 지금은 1천 명의 관객 앞에서도 당당히 말할 수 있게 되었다.

팔굽혀 펴기 10개든, 기타로 '학교 종이 땡땡땡'을 치든, 하루에 5쪽이라도 책을 읽든 자기만의 목표달성 놀이를 시작해 보는 건 어떨까? 옆 사람이 팔굽혀 펴기 50개를 한다고 나의 목표가 51개가 될 수는 없다. 오늘 할 수 있는 게 10개라면 내일은 11개 정도를 목표로 하면 된다. 11개는 도저히 불가능할 것 같은가? 잘됐다! 그 일을 해냈을 때 생기는 감정이 바로 자신감이다.

우리 모두 플라스틱 감옥을 깨고 넓은 세상으로 나가자.

"나는 그림을 못 그려"라고 믿는 사람은 반드시 그림을 그려보아야 한다. 마음속의 그 소리는 그래야만 사라진다.   - 빈센트 반 고흐

지지자와
저지자의 소통법

'주례사를 부탁받았다.'

'회사에서 프레젠테이션을 해야 한다.'

'면접에서 1분 자기소개를 준비해 오란다.'

열심히 스피치 대본을 준비한 당신, 반드시 주변에 피드백을 물어야 할 것이다. 이때 피드백을 받는 순간이 중요하다. 피드백을 하는 사람은 당신에게 엄청난 팁을 줄 수도 있고, 자신감을 잃게할 수도 있다.

몇 년 전 글을 썼을 때 한 학생에게 피드백을 부탁했다. K라는 학생이었다.

"선생님은 이 글이 이해가 되세요?"

빨간색으로 엄청나게 밑줄이 그어져 있었다. 맞춤법, 논리, 띄어쓰기…. 부끄러웠다. 알고 봤더니 그 친구는 생물을 전공하고, 대학원에서 연구원으로 근무하는 오차 없는 성격의 학생이었다. 한동안 그 친구를 멀리하게 되었다.

냉정한 그 친구 때문에 상처받은 사람이 한둘이 아니었다. 그를 변화시켜야겠다고 생각하고 고민하던 중 멘토로부터 한 이야기를 들었다.

"사람은 잘 변하지 않지?"

"네."

"그럼, 민호야. 너를 응원해 주는 사람도 있겠지? 변함없이!"

변함없이 나를 응원하는 사람들이 내겐 있었다. 정인한, 이용해, 김혜림… 그들은 언제나 따뜻하게 나를 지지하고 응원해 주었다. 이들은 나의 곁에 오래 있어 줄 것이다.

변화의 중요성을 알지만 사람의 본질은 잘 바뀌지 않는다. 무리하여 바꿀 필요도 없다. 누군가 나를 바꾸려 한다면 나는 바뀌겠는가? 코드에 따라 둘로 나눠 보자. 응원단처럼 따뜻한 친구를 지지자, 감사팀처럼 정확한 친구를 저지자로 나눈다면 둘 다 필요하다. 지지자만 있으면 나의 잘못을 찾아내기 힘들 것이다. 저지자만 있으면 자신감을 잃고 나락에 빠질 수도 있다.

그 뒤로 내가 변했다. 자신감이 필요할 때는 지지자를 찾았고, 날카로운 피드백이 필요할 때는 저지자에게 물었다. 오늘도 이 원고를 쓴 다음에 '김혜림' 디자이너에게 물어본다. 김혜림은 나의 지지자이다. 충분히 자신감을 얻고 나면 기분도 업되고 그러면 더 좋은 아이디어가 샘솟는다.

헤밍웨이가 말했다.

"모든 초고는 쓰레기다."

부족한 첫 번째 원고를 저지자에게 보여주면 자신감을 급격히 잃을 수 있다. 지지자에게 보여주면 뭐라도 하나 칭찬해 줄 것이다. 정말 칭찬할 게 없으면 노력이라도 칭찬해 준다. 그러면 다시 기분이 좋아지고 시야가 넓어져서 내용을 더 좋게 발전시킬 수 있다.

그 뒤 '저지자'를 찾는다. 그들은 냉정하게 실수를 잡아낸다. 현존하는 최고의 IT 유튜버는 사람들의 악플을 보며 고칠 점을 찾아내 지금의 위치에 올랐다고 한다. 아프지만 날카로운 피드백도 필요하다.

우리에게 지지자와 저지자를 바꿀 힘은 없지만 그들을 있는 그대로 받아들이고 그들의 아름다움을 언어낼 순 있다. 주변을 살펴

보면 따뜻한 사람도, 날카로운 사람도 있을 것이다. 그들을 바꾸려 하지 말고, 그들의 장점을 활용하자. 그것이 있는 그대로 사람을 사랑하는 방법이기도 하다.

우물에서 숭늉을 찾으면 안 된다. 고슴도치에게 업어 달라고 하면 안 된다. 각자 가진 개성과 장점이 어울어지는 것이 삶의 가장 큰 즐거움일 것이다. 그게 사랑이 아닐까?

조각칼·럼!

중요한 일을 앞두고
도망치고 싶은 당신에게…

당신은 4가지 그룹 중 어디에 속하는가?

1) 잘하고 열심히 한다.

2) 잘하고 열심히 안 한다.

3) 못하고 열심히 한다.

4) 못하고 열심히 안 한다.

몇 년 전 머라이어 캐리의 내한 공연은 문제가 많았다. 한국 팬들의 비난과 항의가 폭주한 것이다. 그녀의 노래 실력에 항의한 것이 아니다. 이웃 나라 일본의 공연에 비해 우리나라에서는 공연을 대충 했다고 느꼈던 것이다. 그녀는 무대에서 너무 무성의했다.

사람들은 실력만 보지 않는다. 태도를 본다. 못해도 태도가 좋으면 있는 그대로 받아들인다.

〈내 남자친구의 결혼식〉이라는 영화가 있다.

주인공 줄리안(줄리아 로버츠)에게는 오랜 남자친구 마이클(더모트 멀로니)이 있었다. 그 친구와 약속했다. "서른까지 짝을 못 찾으면 우리 둘이 결혼하자."

어느 날 남자친구에게 키미(카메론 디아즈)라는 이름의 아름다운 약혼자가 생겼다. 줄리안은 마이클에 대한 자신의 사랑을 뒤늦게 깨달았다.

마이클의 약혼녀 키미는 엄청난 부잣집 딸에 나이도 어리고 똑똑했다. 그녀가 심각한 음치인 것을 알고 줄리안은 가라오케에 데려가 많은 사람들 앞에서 키미를 곤경에 빠뜨린다. 그녀가 노래를 시작하자 "You suck!(별로야!)" "next!(다음 가수!)" 하며 사람들의 조롱과 비난이 쏟아진다. 그런데 잠시 후 놀라운 일이 벌어진다. 키미가 끝까지 진심을 다해 노래하는 모습에 한 명 두 명 호응하기 시작한 것이다.

노래가 끝나자 술집의 모든 사람이 환호하고 줄리안은 당황한다.

나 또한 키미가 노래 부르는 모습에 열광했으며 그 장면에 반해 20년 넘게 카메론 디아즈라는 배우를 좋아하게 되었다. 실력을 넘어서는 '태도의 아름다움'은 사람의 마음을 움직인다.

'바르르 떨리는 발표자의 손'을 본 적이 있는가? 그런 모습을 보면 무조건 응원하게 될 때가 있다.

'아, 저 사람 지금 최선을 다하고 있구나. 뭔가 도와줄 일 없을까?'

진실한 태도에는 큰 울림이 있다. 도저히 엄두가 안 나고 자신이 없어서 도망가고 싶지만 정면승부를 택한 사람의 최선을 다하는 모습은 아름답다.

잘해도 열심히 안 하면 욕먹고, 못해도 최선을 다하면 감동을 줄 수 있다. 도전은 도망보다 아름답다.

'성공한 도망자'보다 '실패한 도전자'가 되는 건 어떨까?

내 말은 나부터 듣는다

경남 창원에서 태어난 저는 자연스럽게 '롯데 자이언츠'의 팬이 되었습니다. 아버지의 손을 잡고 마산구장을 자주 찾았던 기억이 납니다.

어느 날, 술에 취한 한 아저씨가 그라운드를 향해 소리쳤습니다. "필성아~~ 삼촌 왔다~~ 파이팅!!!!"

공필성 선수를 응원하던 아저씨는 목이 터져라 소리쳤습니다. 저 응원의 목소리가 선수에게까지 들릴까 궁금했습니다. 분명히 안 들릴 것 같았지만, 아저씨는 경기 내내 응원을 멈추지 않았습니다.

두 딸의 아빠가 된 지금, 그 아저씨의 마음을 이해하게 되었습니다. 누군가에게 외치는 나의 말은 항상 내 귀에 제일 먼저 들려옵니다. 아이들에게 예쁘고 고운 말을 해주다 보면 덩달아 기분이 좋아집니다. 선생이나 강사로 학생들에게 격려와 응원의 말을 해주다 보면 제가 가장 큰 힘을 얻게 됩니다.

운전 중 다른 운전자의 불량한 태도에 짜증이 치밀어 욕을 하면 그 욕을 듣는 것은 차에 타고 있는 나와 우리 가족입니다. 남에 대해 말하거나 마음속으로 생각할 때 가장 먼저 그 말을 듣는 것은 나 자신입니다.

'상대를 배려하는 따뜻하고 똑똑한 말하기'를 공부하는 가장 큰 이유는 그 말을 다른 사람이 아닌 내가 제일 먼저 듣기 때문입니다.

말하기의 가장 큰 관객, 글쓰기의 가장 큰 독자는 자기 자신이라는 사실을 기억했으면 합니다.

"필성아~ 파이팅!"이라고 목이 터져라 외치던 마산구장의 그 아저씨는 분명 그날, 그 뜨거운 '파이팅'의 기운을 스스로 다 받았을 것입니다.

오늘 우리가 내뱉는 말 한마디가 우리 인생을 조각합니다.

감사합니다. 사랑합니다. 행복합니다!

저자 이민호

스피치 코치 이민호의 말하기 특강

말은 운명의 조각칼이다

초판 1쇄 발행 2019년 1월 20일
초판 12쇄 발행 2023년 11월 10일

지은이 이민호
펴낸이 백광옥
펴낸곳 ㈜천그루숲
출판등록 2016년 8월 24일 제2016-000049호.

주소 (06990) 서울시 동작구 동작대로29길 119
전화 0507-0177-7438 팩스 050-4022-0784 카카오톡 천그루숲
이메일 ilove784@gmail.com

기획/마케팅 백지수
인쇄 예림인쇄 제책 예림바인딩

ISBN 979-11-88348-32-9 (13320) 종이책
ISBN 979-11-88348-33-6 (15320) 전자책